독일문화산책

독일문화산책

초판 1쇄 인쇄 2017년 2월 20일
초판 1쇄 발행 2017년 2월 24일
_

지은이 김선형
펴낸이 이방원
편 집 윤원진·김명희·이윤석·안효희·강윤경·홍순용
디자인 손경화
마케팅 최성수
_

펴낸곳 세창출판사
신고번호 제300-1990-63호
주소 03735 서울시 서대문구 경기대로 88 냉천빌딩 4층
전화 02-723-8660 **팩스** 02-720-4579
이메일 edit@sechangpub.co.kr **홈페이지** http://www.sechangpub.co.kr
_

ISBN 978-89-8411-667-2 03920

이 도서의 국립중앙도서관 출판시도서목록(CIP)은 서지정보유통지원시스템 홈페이지(http://seoji.nl.go.kr)와
국가자료공동목록시스템(http://www.nl.go.kr/kolisnet)에서 이용하실 수 있습니다.(CIP제어번호: CIP2017003773)

독일문화산책

김선형 지음

세창출판사

2차 세계대전의 폐허에서 '라인 강의 기적'을 일으킨 독일의 저력은 6·25 전쟁 후 비슷한 상황에 있던 우리에게도 '한강의 기적'이 가능할 것이라는 희망을 품게 하였다. 특히나 동서로 분단된 독일이 통일 후 동독과 서독의 경제적 격차와 정서적 갈등을 극복하고 세계의 정치·경제의 중심에 우뚝 서게 되면서, 아직도 남북이 분단된 우리나라에게 여러 가지 면에서 배울 점이 많은, 모범적인 나라로 손꼽히고 있다.

일반적으로 사람들이 독일 하면, 많은 것을 알고 있다고 생각한다. 그것은 벤츠 자동차, 소시지와 맥주, 철학자 칸트와 헤겔, 작곡가 베토벤, 슈베르트, 바그너 그리고 나치 등의 단어가 너무도 익숙하기 때문일 것이다.

독일 문학이 전공인 나도 독일에 대해 많은 것을 알고 있다고 생각했다. 그러나 이번 작업을 통해 그 생각이 오산임을 절실히 깨달았다. 특히 유학 시절 오랫동안 거주했던 슈투트가르트에 대해 쓰면서, 도시의 중심가를 수없이 지났지만 그 건물들에 어떤 역사적·문화적 의미가 있는지를 한 번도 생각해 본 적이 없었고 아는 바도 없음을 알게 되었다. 이런 상황은 사람들이 우리나라의 유적이나 문화에 대해서 아는 것과 마찬가지일 것이다. 문화라는 영역이 쉬운 것 같으면서도 실로 방대하고, 간단한 것이 아님을 다시 한 번 깨닫게 되었다.

지난 여름 독일에 가서, 뤼베크, 함부르크, 쾰른, 브레멘, 뒤셀도르프 등을 방문하여 필요한 사진을 얻었다. 그러나 독일 남부 지역은 방문하지 못하여 독일 관광청의 승인을 받아, 독일 관광청에 있는 자료를 사용하였다.

　이 책에는 독일이 자랑하는 문화 유적과 독일을 알고자 할 때 도움이 될 만한 정보들에 대해 정리하려고 노력하였다. 그러므로 이 저서는 독일에서 거주할 사람들에게 필요한 사항들, 여행을 가서 알면 더 많은 것을 느끼고 즐길 수 있는 것들, 그리고 독일의 전반적인 역사, 문화 그리고 예술의 의미를 설명해 줄 것이다.

2017. 1.

김선형

III 독일의 자연

IV 독일의 문화와 예술

V 독일의 과학과 산업

매년 6월에 개최되는 '킬 주간(Kieler Woche)'은 1895년부터 개최된 요트경주로, 이때 전 세계의 선수 및 관람객들이 모여든다.
© Uwe Wanger/Kiel-Marketing e.V.

후기 고딕 양식의 성문인 홀슈텐 문은 중세의 건물 형태를 볼 수 있어 유네스코 세계문화유산에 등재되어 있다.

함부르크는 독일 최대의 항구도시이다. 그리고 유럽 전역으로 전 세계의 화물을 연결하는 유럽 최적의 물류 중심지이다.
© Hans Peter Merten/Deutsche Zentrale für Tourismus e.V.

함부르크 시청사 뒤뜰에 위치한 히기에이아 분수(Hygieia-Brunnen)는 콜레라로 시민들이 목숨을 잃은 사건을 기억하기
위해 만들어졌다. 가장 높은 곳에 그리스 신화 속 건강의 여신인 히기에이아가 자리하고 있다.

상층부가 뱃머리를 연상케 하는 이 건물은
그 소유주가 칠레에서 부의 기반을 다졌기에
칠레하우스라는 명칭이 붙었다.
ⓒ Andreas Vallbracht/Hamburg Tourismus GmbH

니더작센의 북부 지역에는 알러(Aller) 강 사이에 있는 습지이자 소택지였던 뤼네부르거 하이데(Lüneburger Heide)가 간척
되어 낙농과 양봉이 성하다. ⓒ Foto-Design Ernst Wrba/Deutsche Zentrale für Tourismus e.V.

하노버 신시청사는 마슈 공원(Maschpark) 안에 있다. 2차 세계대전 때 폭격을 당하였으나 재건되었다.
© Hannover Marketing und Tourismus GmbH

쾨니히스 알레(Königsallee)는 뒤셀도르프 중심지에 있는 거리로, 거리 중앙에 슈타트그라벤(Stadtgraben)이라는 인공 하천이 흐른다.

쾰른 중앙역 근처에 위치한 쾰른 대성당은
1248년 공사를 시작하여 1880년에 완성되었다.
높이 157.38m의 탑은 고딕 양식의 결정판이다.
ⓒ Andrew Cowin/Deutsche Zentrale für Tourismus e.V.

본은 독일이 자랑하는 작곡가 베토벤(Ludwig van Beethoven)이 태어나고 자란 곳으로, 그의 악보와 유품들이 전시되어
있는 베토벤의 집(Beethoven Haus)이 본에 있다. ⓒ Bonn, Tourismus & Congress GmbH

선제후 빌헬름 1세는 빌헬름스회에 산상공원(Bergpark Wilhelmshöhe)에 떨어지는 폭포와 격랑으로 낭만주의를 표현하려 하였다. 낭만주의를 싫어했던 괴테는 이 건축물을 조롱한 바 있다. ⓒ Museumslandschaft Hessen Kassel(MHK)

자르슐라이페는 자를란트를 상징하는 자연 중의 하나로 메틀라흐라는 도시에 위치한다.
ⓒ Hans Peter Merten/Deutsche Zentrale für Tourismus e.V.

하이델베르크는 네카어(Neckar) 강변의 대학도시이자
관광도시이다. 1225년에 완공된 하이델베르크 성은
하이델베르크의 랜드마크이다.

© Raner Kiedrowski/Deutsche Zentrale für Tourismus e.V.

뮌헨 시의 가장 중심부에 위치한 마리엔 광장에는
성모 교회라는 뜻의 프라우엔 교회(Frauenkirche)와
고딕식의 신시청 건물이 있다.

© Andrew Cowin/Deutsche Zentrale für Tourismus e.V.

뉘른베르크 프라우엔 교회 앞에서 열리는 크리스마스 마켓은 세계적으로 유명하여 크리스마스 시즌이 되면 많은 관광객들이 몰린다.
© Congress & Tourismus Zentrale Nürnberg

밤베르크는 인구 7만 명가량의 소도시지만, 독일 가톨릭의 중심지로 여겨지고 있다. 밤베르크의 구시가지는 1992년 유네스코 세계문화유산으로 지정된 아름다운 도시이다. © Bamberg/Tourismus & Congress Service

뷔르츠부르크 궁전 앞에는 프랑코니아 분수(Fankoniabrunnen)가 있는데, 그 분수의 한가운데에 프랑켄 지방의 수호신인
여신 프랑코니아가 뷔르츠부르크 문장이 그려진 깃발을 들고 있기 때문에 이런 명칭으로 불린다.

ⓒ Foto-Design Ernst Wrba/Deutsche Zentrale für Tourismus e.V.

상인들의 다리는 도시 한가운데를 가로지르는 게라(Gera) 개울을 따라 지어진 에르푸르트의 명소이다.
다리 위에 32채의 집이 있고, 지금도 사용되고 있다. ⓒ Toma Babovic/Thüringer Tourismus GmbH

츠빙거 궁은 바로크 양식의 최고 걸작으로 평가된다. 궁전 중앙에 조성된 바로크식 정원, 화려하게 장식된 돌출부 그리고 건축 장식물의 화려함 등으로 강성왕의 권위를 보여 준다. 궁의 뜰에는 '요정의 욕실'이라는 연못도 있다.

드레스덴 프라우엔 교회의 둥근 돔은 '돌로 빚은 종'이라는 찬사를 듣고 있다. 교회 앞에는 마르틴 루터의 동상이 있다.

젬퍼 오페라 하우스(Semper Operhaus)의 정식 명칭은 작센 국립오페라(Sächsische Staatsoper)이다. 오페라 하우스 왕실 전용 출입문 위에는 그리스 신화에 등장하는 디오니소스, 아드리아네 그리고 네 마리의 말이 끄는 이륜마차(Quadriga)가 보인다.

알브레히츠부르크는 독일에서 가장 오래된 성으로, 강성왕 아우구스트가 고립된 위치 때문에 사용되지 않고 버려졌던 이 성에 유럽 최초로 도자기 공장을 설립하였다. 그 이유는 '하얀 황금'이라 일컬어지는 도자기 생산비법이 알려지지 않게 하기 위해서였다.

옛 베를린 장벽의 잔해가 남아 있는 곳 중 뮐렌 거리(Mühlenstrasse)의 장벽을 이스트사이드갤러리(East Side Gallery)라 한다. 이곳에서 전 세계의 예술가와 여행자들이 평화를 기원하며 남겨 놓은 그림들을 볼 수 있다. ⓒ Hans Peter Merten/DZT

빌헬름 황제 기념교회(Kaiser Wilhelm Gedächtniskirche)의 현재 모습은 2차 세계대전 때 폐허가 된 교회를 그대로 보존하여 전쟁의 참상을 기억하도록 하고 있다. ⓒ Juergen Pollak/Deutsche Zentarle für Tourismus e.V.

마이나우 섬은 아름다운 꽃으로 장식된 이탈리아식 정원이 조성되어 있어 꽃섬이라 불린다. © Mainau GmbH

튀링겐 주에 있는 하이니히 국립공원은, 유럽 최대 규모의 혼합낙엽수림 지역으로 중부 독일의 원시림이라 불린다.

© Biehl Ruediger/Nationalpark Hainich

작센 슈바이츠 국립공원의 원래 이름은 바스타이 국립공원으로, 스위스의 유라(Jura) 산맥과 비슷하다 하여 작센 슈바이츠 (스위스)라 불린다. 숲과 사암절벽이 어우러진 절경을 자랑하는 곳이다. © Dresden Marketing GmbH

목골가옥은 목재 지붕과 벽을 골조로 하고, 골조 사이에 흙, 벽돌과 활석들을 메우는 독일 전통의 건축 양식이다.
© Andrew Cowin/Deutsche Zentrale für Tourismus e.V.

마인츠의 구텐베르크 박물관에서는 하루에 두 번, 구텐베르크가 성서를 인쇄하던 방식을 그대로 재현하는 프로그램이 진행된다. ⓒ DZTv. Luttitz

렙쿠헨(Lebkuchen)은 14세기부터 뉘른베르크의 남자수도원에서 만든 것으로 잘 알려진 전통과자이다. 견과류, 꿀, 생강, 계피, 정향나무 등의 다양한 향료를 사용하여 만든다. ⓒ Steffen Oliver Riese/Congress & Tourismus Zentrale Nürnberg

쾰른에서는 '쾰른이여 영원하라'라는 뜻의 "쾰레 알라프(Kölle Alaaf)"와 감탄의 탄성인 "헬라우(Helau)"라는 인사말을 축제 동안 서로 주고받는다. © Oliver Franke/Tourismus Nordrhein-Westfalen e.V.

옥토버페스트는 뮌헨 시장이 그해 첫 생산된 맥주통을 개봉하며 "맥주통이 열렸다(O'zapft is)"라는 바이에른 말로 개막을 선언하며 시작된다. 옥토버페스트 기간에는 뮌헨 시가 지정한 6대 맥주회사가 제공하는 거대한 천막, 즉 비어텐트(Biertent)가 들어선다.
© Pierre Gaff Adenis/Deutsche Zentrale für Tourismus e.V.

I

독일의 역사와 사람들

1. 독일의 역사

게르만족

독일은 인도-유럽어족에 속하는 게르만어를 사용하는 게르만족의 나라이다. 게르만족은 라인 강 너머에 거주하는 여러 부족을 총체적으로 칭하는 말이다. 게르만족은 노르만족인 북게르만족, 프랑크족, 앵글족, 색슨족, 롬바르드족을 일컫는 서게르만족과 동고트족, 서고트족, 반달족, 부르군트족을 말하는 동게르만족으로 나뉜다. 고대의 여러 게르만족이 살던 독일 땅을 게르마니아^{Germania}라 한다.

4세기 말 중앙아시아에 살던 유목민족인 훈족이 유럽에 쳐들어와 고트족을 몰아냈다. 이에 게르만족은 훈족을 피해 로마 제국이 다스리던 서유럽으로 들어가게 된다. 라틴족의 나라인 로마 제국은 당시 동로마 제국, 즉 비잔틴 제국과 서로마 제국으로 나뉘어 있었다. 서로마 제국은 훈족과 반달족의 공격으로 세력이 약해지면서 게르만족을 용병으로 채용하였다. 그 후 서로마 제국의 마지막 황제 로물루스 아우구스툴루스^{Romulus Augustulus}(혹은 로물루스 아우구스트라 한다. 아우구스툴루스는 어린 아우구스투스란 뜻이다. 재위 475~476)가 왕위를 내놓으면서 서로마 제국은 476년 멸망하였다. 게르만인들은 용병 대장인 오도아케르Odoacer(435~493)를 왕으로 추대했다. 그 후 동고트의 왕 테오도리쿠스Theodoricus(재위 471~526)는 이탈리아를 공격해 오도아케르의 항복을 받고 그를 살해한다.

서로마 제국이 멸망할 무렵, 서고트족은 현재 스페인이 위치한 곳에 서고트 왕국을 세웠다. 그리고 동고트족은 현재 이탈리아 위치에 동고트 왕국을 세웠다. 그 후 로마 제국의 분열은 더욱 가속화된다. 앵글족과 색슨족은 현재의 영국 브리튼Britain 섬으로 건너갔다. 프랑크족은 라인 강 하류에 게르만족의 프랑크 왕국Fränkisches Reich을 세웠다.

프랑크 왕국

독일의 모태가 되는 것은 481년에 **메로빙Meroving 왕조**의 클로드비히Chlodwig 1세(혹은 클로비스Clovis 1세. 재위 481~511)가 세운 프랑크 왕국이다. 그는 로마가톨릭으로 개종하여 로마 교황과의 우호관계를 돈독히 하였다. 클로드비히 1세가 511년 서거하자 게르만 방식대로 분할 상속하게 되어 프랑크 왕국은 4개의 왕국으로 나뉘었다. 그 후 클로타르Clothar 2세에 의해 613년 프랑크 왕국은 재통일되었다. 그러나 점차 국왕의 힘이 약해지면서 권문세가 출신의 궁정집사인 피핀Pippin 3세가 메로빙 왕조 최후의 왕인 힐데리히Childerich 3세를 몰아내고, 로마 교황의 인정을 받아 751년 **카롤링Karoling 왕조**를 세웠다.

피핀의 아들 카를 대제Karl der Große(라틴어로는 카를 마그누스Karl Magnus, 프랑스어로는 샤를마뉴Charlemagne로 불린다. 742~814)는 엘베 강에서 피레네 산맥까지, 그리고 남쪽 이탈리아 중부부터 북해에 이르기까지 세력을 넓혀 서유럽을 통일하게 된다. 카를 대제는 로마의 후계자를 자처하며 기독교의 보호자 역할을 하였다. 교황 레오 3세가 800년에 카를 대제에게 카롤루스 아우구스투스^{Carolus Augutus}라는 이름 으로 황제의 대관식을 해 주었고, 이로 인해 명분상으로 로마 제국이 부활한다.

카를 대제의 손자인 루트비히^{Ludwig} 1세(778~840)가 서거하자, 그의 세 아들이 843년 8월 프랑크 왕국을 나누기로 하는 **베르됭**^{Verdun} **조약**을 맺었다. 첫째 아들 로타르^{Lothar} 1세는 현재의 이탈리아 지역인 중프랑크 왕국을, 둘째 아들 루트비 히 2세는 현재의 독일 지역인 동프랑크 왕국을, 셋째 아들 카를 2세는 현재의 프 랑스 지역인 서프랑크 왕국을 통치하게 되었다.

로타르 1세의 차남이자 프랑크 왕국의 공동 황제였던 로타르 2세가 서거하 자, 작은 아버지인 루트비히 2세와 카를 2세가 870년 메르센^{Mersenne}에 모여 국경 을 나누는 조약을 맺었다. 로타르 1세의 장남 루트비히는 현재의 이탈리아 땅을 가졌고, 로타르 2세가 다스리던 로트링겐 땅은 동프랑크와 서프랑크가 나누어 갖 기로 하였다. 이렇게 하여 현재의 독일, 프랑스와 이탈리아의 국경이 결정되었다.

신성로마제국

카롤링 왕조의 루트비히 4세가 자식을 낳지 못하면서 동프랑크 왕국은 사라 지고, 911년 프랑켄 공작 콘라트^{Konrad} 1세(재위 911~918)가 유럽 제후들에 의해 왕 으로 선출되었다. 콘라트 1세부터 중세 독일이 시작된다. 그러나 그는 제후들의 선거에 의해 선출되었기 때문에 지배력도 자신의 영역인 프랑켄 공작령을 넘지 않았고, 임기 내내 헝가리 마자르족의 침략에 시달렸다.

　콘라트 1세가 바이에른의 공작 아르눌프Arnulf의 반란을 진압하던 중 부상을 당하게 되자, 919년 작센공 하인리히Heinrich가 후계자로 지정되었다. 이때부터 **작센**Sachsen **왕조**(오토 왕조라고 하기도 한다)가 시작되었다. 하인리히 1세는 매사냥 도중 왕으로 선출되어 '매사냥꾼Finkler'이라는 별명을 얻었다.

　하인리히 1세의 아들 오토Otto 1세는 프랑스의 부르고뉴와 이탈리아의 롬바르디아를 정복하였다. 그리고 955년 레히펠트 전투에서 마자르족을 제압하는 등 왕권을 강화하여 오토 대제로 불리게 되었다. 그 후 동부 지역은 오스트리아로 불리게 되었다. 오토 대제가 이탈리아로 원정하여 교황의 적들을 물리쳐 주자, 교황은 962년 오토 1세를 로마 제국의 황제로 임명하면서 '신성로마제국Heiliges Römisches Reich'이 탄생하였다. 오토 1세는 황제의 세력을 위해 성직자에게 땅을 주고, 독일의 주교를 직접 임명하였다.

　하인리히 2세가 후사가 없어 프랑켄 가문의 콘라트를 황제(콘라트 2세)로 선출하여 **잘리어**Salier **왕조**가 시작되었다. 하인리히 3세는 성직매매 금지와 성직자의 대처행위 금지 등의 교회개혁을 추진하면서 교황을 3명이나 파면하였고, 이때부터 교황과 황제의 충돌이 시작되었다. 교황은 교회에 대한 세속 권력의 간섭에 대한 반대 입장을 밝히고, 제후들도 교황파와 황제파로 분리되었다. 교황 그레고리우스Gregorius 7세가 성직자 임명권을 교회로 가져가려 하자, 하인리히 4세는 교황을 파문하려 하였다. 그러나 교황파의 우세로, 하인히리 4세는 그레고리우스 교황에 의해 황제의 직분과 가톨릭 신도의 자격까지 빼앗겼다. 이에 하인리히 4세는 1077년 1월 이탈리아 북부의 카노사 성으로 가, 얇은 옷과 맨발로 성문 앞에서 3일 동안 금식을 하며 교황에게 사죄하였다. 이 사건을 **카노사의 굴욕**Gang nach Canossa이라고 한다.

후에 성숙한 하인리히 4세가 그레고리우스 7세를 폐위하고 자신과 대립하던 클레멘스Clemens 3세를 임명하면서, 황제와 교황의 갈등은 더욱 심화되었다. 이런 상태는 1122년 9월 23일 교황 칼리스투스Callistus 2세와 하인리히 5세가 맺은 **보름스 협약**Wormser Konkordat을 통해 해결되었다. 즉, 서임권의 종교적인 측면은 교황에게, 세속적인 측면은 황제에게 부여하기로 하였다.

하인리히 5세가 후사 없이 1125년에 서거하고, 왕권은 호엔슈타우펜Hohenstaufen 가문으로 옮겨 가 **호엔슈타우펜 왕조**가 시작되었다. 붉은 턱수염 때문에 붉은 수염의 황제라 불렸던 프리드리히 1세(1122~1190. 프리드리히 바르바로사Friedrich Barbarossa라고 불렸다)의 시기에 왕가는 전성기를 이루었다. 그는 6번이나 이탈리아로 원정했다. 프리드리히 2세의 아들 콘라트 4세가 1254년 요절하면서 호엔슈타우펜 왕조는 종말을 맞게 되고, 독일은 분열 상태로 빠져들게 되었다.

12세기 이후에는 황제가 제국의 대소사를 처리하는 데 연방대표자의 동의를 구해야 했기 때문에, 이로 인해 제국의회Reichstag가 생겨났다. 중세 후기에 들어와서는 도시의 발달이 이루어졌다. 도시인들은 자치권을 획득하여 봉건적 속박으로부터 벗어나려 노력하면서 '자유도시Freie Städte'가 출현하였다. '자유도시'란 공적 권력을 가지고 황제를 위한 출정 및 세금 등의 의무가 면제되는 도시를 뜻한다. 또한 왕권의 약화로 인해 정치적·사회적 혼란이 가중되자 스스로를 지키기 위해 도시동맹이 형성되기 시작하였다. 이때 북해, 발트 해 연안의 70~80개에 이르는 도시들 사이에 이루어진 도시 세력권, 즉 '한자동맹Die Hanse'이 형성되었다. 한자동맹의 중심지는 뤼베크였다.

근 대

베드로 성당 신축 비용을 마련하기 위해 로마가톨릭 교황이 면죄부를 판매하자, 비텐베르크^{Wittenberg} 대학의 교수이자 수도사였던 루터^{Martin Luther(1483~1546)}가 1517년 10월 31일에 비텐베르크 성의 교회 정문에 95개 조항의 반박문을 붙이면서 **종교개혁**이 시작되었다. 교황 레오 10세는 1520년 6월 24일 루터를 파문하겠다고 위협했지만, 루터는 비텐베르크 성문 앞에서 교황의 교서와 가톨릭 교회 법전을 공개적으로 불태웠다. 1521년 1월 3일 루터는 가톨릭 교회에서 파문당한다. 카를 5세는 로마 교회를 옹호하고, 루터를 추방하였다. 루터는 작센의 선제후인 프리드리히의 보호를 받으며 1521년부터 1522년까지 바르트부르크^{Wartburg} 성에서 성경을 독일어로 번역하였다. 그 후 스위스의 종교개혁가 울리히 츠빙글리^{Ulrich Zwingli(1484~1531)}와 장 칼뱅^{Jean Calvin(1509~1564)}이 종교개혁을 이끌어가면서, 유럽 전역에 종교개혁이 확산되었다.

중세 시대가 끝나가면서 기사들은 자신들의 사회적 지위가 점차 추락하자 봉기를 일으켰지만, 곧 패망하게 되었다. 농민들도 비밀 농민동맹을 맺어 봉건사회 전체에 비판을 가하기 시작하였다. 1524년 남서부 독일과 슈바벤에서 대규모 **농민전쟁**이 발발하였다. 그러나 1525년 10월 약 10만 명의 농민이 죽임을 당하면서 농민들의 저항은 끝이 났다.

1534년 에스파냐의 이그나티우스 데 로욜라^{Ignatius de Loyola(1491~1556)}가 창설

한 예수회가 교황에 대한 절대 복종, 엄격한 훈련을 통한 신앙심의 심화, 사회봉사를 강조하면서 루터가 일으킨 종교개혁에 대한 **반종교개혁**이 이루어졌다. 가톨릭도 다시 영향력을 회복하고자 자체 개혁을 실시하였다. 이탈리아의 트렌토^{Trento}(트리엔트)와 볼노냐^{Bologna}에서 열린 트리엔트 공의회에서 1545년부터 1563년까지 개신교에 대한 가톨릭의 개혁을 추진하였다. 이후 가톨릭과 신교의 오랜 갈등이 시작되었으나, 1555년 9월 29일 **아우크스부르크**^{Augsburg}**의 종교화의**를 통하여 반세기 동안 갈등이 중단되었다. 이 종교화의를 통하여 제후가 선택한 종교를 그 나라의 종교로 인정하게 되었다.

17세기로 넘어갈 무렵, 신교 제후들은 신교동맹을 결성하고, 가톨릭 제후들은 구교동맹을 맺었다. 1618년 프라하의 대주교와 황제 대리인들이 신교의 신축 교회를 철거하도록 하자, 신교 측 귀족들이 프라하에 모여 항의를 하였다. 황제가 이를 받아들이지 않자, 신교 측이 황제 대리인 2명과 서기 1명을 창밖으로 내던지면서, **30년 전쟁**이 발발하게 되었다. 종교적 갈등이 세속적 이해관계를 둘러싼 싸움으로 변질되면서, 1630년 스웨덴과 프랑스가 동맹을 맺어 독일을 침공하였다. 1648년 **베스트팔렌 조약**^{Westfälischer Friede}을 맺고 30년 전쟁이 끝이 났다. 30년 전쟁으로 인하여 전쟁의 주무대였던 독일의 인구는 2/3로 줄어들었고, 전쟁이 프랑스와 스웨덴의 승리로 끝나면서 두 나라는 열강으로 부상하였다. 신성로마제국에 속해 있던 네덜란드와 스위스도 독립하였다. 베스트팔렌 조약을 통해 영토문제와 종교문제가 결정되었다. 그리하여 근대 유럽의 국경선이 형성되었으며, 통치자에 의해 그 지역의 종교가 결정되었다.

프로이센은 호엔촐레른^{Hohenzollern} 가문 출신의 독일 고위성직자가 세운 것이었다. 17세기 프로이센의 가계가 끊어지자 프로이센과 브란덴부르크가 통합되었다. 대선제후 프리드리히 빌헬름Friedrich Wilhelm(1620~1688)이 중앙집권적 절대주의 국가체제를 완성하였다. 그의 아들 프리드리히 3세가 왕위에 오르면서 프로이센 왕국이 탄생되고, 그는 즉위 후 프리드리히 1세로 불리게 되었다.

1713년 왕좌에 오른 프리드리히 빌헬름 1세(1688~1740)는 프리드리히 1세의 아들로 재정과 군사제도를 개혁하는 등 국가의 체제를 완성하였다. 그는 통치방식이 군대식이라 군인왕Soldatenkönig으로 불렸으나, 정작 전쟁은 하지 않았다. 그리고 그의 아들 프리드리히 2세가 1740년 왕위를 이어받았다. 그는 '군주는 국가 제일의 공복Der Herrscher als der erste Diener seines Staates'이라며, 계몽 전제군주의 모범을 보였다. 그는 영국과 동맹을 맺고 작센을 침공하면서 1756년부터 1763년까지 7년 전쟁을 일으키기도 하였다.

19세기

1804년 **나폴레옹**이 황제로 즉위하면서 유럽을 지배하려 하자 오스트리아, 영국 그리고 러시아가 동맹을 맺어 나폴레옹에 대적하였다. 그러나 나폴레옹은 1805년 아우스테를리츠Austerlitz 전투에서 압승을 거두었다. 나폴레옹은 1806년 7월 12일에 라인동맹Rheinbund(라인연방이라고도 한다)을 결성하여 남서 독일의 16개국을 자신들의 보호하에 두었다. 나폴레옹의 후원으로 조직된 라인동맹은 스스로 신성로마제국과의 결별을 선언하였다.

신성로마제국의 마지막 황제 프란츠 2세는 1806년 8월 **제국의 해체**를 공식적으로 선언하였다. 나폴레옹은 1806년 10월 예나에서 프로이센을 격파하였다. 나폴레옹은 프로이센의 해체를 주장하였으나, 러시아의 알렉산드르^{Alexandr} 1세의 반대로 프로이센은 존속하게 되었다. 프로이센은 국가를 살리기 위해 개혁에 착수하였다.

프로이센은 러시아와 동맹을 맺고 1813년 3월 프랑스에 전쟁을 선포했다. 프랑스의 나폴레옹 군대는 드레스덴과 라이프치히 전투에서 동맹군에게 패하였다. 동맹군은 1814년 3월 파리를 점령하였고 나폴레옹은 폐위되어 엘바 섬으로 유배되었다. 이 전쟁은 라인동맹이 붕괴하고 각국이 나폴레옹의 지배에서 벗어난 계기가 되었기에 해방전쟁^{Befreiungskrieg}이라고 한다. 1814년 오스트리아의 재상 메테르니히^{Metternich}가 주최한 1815년 **빈 정상회담**이 개최되었다. 그러던 중 엘바 섬에서 나폴레옹이 탈출했다는 소식이 전해지자, 빈회의는 **프랑스 혁명**과 나폴레옹 전쟁에 피해를 입은 유럽 군주의 지위를 회복시켜, 혁명 이전의 상태로 복원하자는 **복고주의** 원칙을 채택하였다.

1830년에 일어난 파리의 7월 혁명은 자유와 통일을 향한 열망의 도화선에 불을 붙였다. 1838년 3월 13일에 소집된 오스트리아 연방의회에서 시작되어, 빈에서 대학생, 시민, 노동자들이 메테르니히의 해임과 언론의 자유를 요구하였다. 3월 18일의 대규모 집회에서 군의 발포로 말미암아 사상자가 나자, 결국 국왕은 군대의 철수를 명령하였다. 이로써 혁명은 성공을 이루어, 1848년 5월 18일 프랑크푸르트의 성 파울 교회에서 독일 최초로 국민의 투표에 의해 구성된 '프랑크푸르트 국민회의^{Frankfurter Nationalversammlung}'가 열렸다.

1871년부터 1890년까지 19년 동안을 독일 제국의 재상으로 재임하였던 비스마르크Otto von Bismarck(1815~1898)는 1871년 통일을 이루고 난 후 평화로운 외교정책을 펴 나갔다. 1888년 독일 제국의 황제가 된 빌헬름 2세가 적극적으로 세력을 확장하면서, 비스마르크는 1890년 재상직에서 물러났다. 그 후 독일은 오스트리아, 헝가리와 동맹을 맺었다.

1차 세계대전부터 독일 통일까지

1914년 6월 28일 오스트리아-헝가리 제국의 프란츠 페르디난트Franz Ferdinand 황태자 부부가 세르비아의 수도 사라예보Sarajevo에서 살해되었다. 이에 오스트리아-헝가리 제국이 7월 28일 사라예보를 침공하면서 **1차 세계대전**이 시작되었다. 오스트리아-헝가리, 독일, 불가리아와 오스만 제국이 동맹을 맺었고, 러시아, 영국, 이탈리아, 루마니아와 일본이 연합을 형성하였다. 그 후 미국도 참전하면서 독일의 전세가 불리해졌다.

빌헬름 2세가 1918년 11월 황제의 자리에서 물러나고, 사회민주당의 프리드리히 에르베르트Friedrich Erbert가 임시 정부를 수립하였다. 가톨릭 중앙당 대표인 마티아스 에르츠베르거Matthias Erzberger가 이끄는 독일 대표단이 2대 대통령인 힌덴부르크Paul von Hindenburg(1847~1934)의 승인을 얻어 1918년 11월 11일에 휴전 문서에 서명하면서, 1차 세계대전이 끝났다.

1919년 1월 19일에 최초로 여성에게 투표권이 허용된 국민회의 선거가 실시되고, 8월에는 헌법이 공포되면서 **바이마르 공화국**이 출범하였다. 그러나 패전국 독일은 베르사유Versailles 조약에 따라 많은 배상을 해야 했다. 결국 1929년 **경**

제 대공황으로 대량실업이 발생하고 내정불안에 시달리던 바이마르 공화국의 힌덴부르크Hindenburg (1883~1960) 대통령은 1933년 1월 **나치**당의 히틀러를 수상에 임명하고, 바이마르 공화국은 막을 내렸다. 수상이 된 히틀러는 나치당을 제외하고 모든 당을 해산하였다.

1939년 8월 31일 히틀러는 선전포고도 하지 않은 채 폴란드를 공격하였다. 이어 영국과 프랑스가 독일에 전쟁을 선포하면서 **2차 세계대전**이 시작되었다. 일본이 미국의 태평양 함대가 주둔하고 있는 진주만을 공격하고 독일이 미국에 선전포고를 하면서 미국, 영국, 소련의 연합이 형성되었다. 전쟁이 장기화되면서 독일은 모든 전선에서 어려움을 겪게 되고, 내부에서도 히틀러에 대한 저항이 심해졌다. 결국 1945년 4월 30일 히틀러는 자살하고, 그의 유언에 의해 후계자가 되어 나치 독일의 대통령이 된 되니츠Karl Dönitz (1891~1980) 제독이 무조건 항복을 하였다.

독일 본토는 전승국인 미국, 영국, 프랑스 그리고 소련에 의해 분할 점령되었다. 서부 지역은 미국, 영국, 그리고 프랑스가 분할 점령했고, 동부 지역은 소련이 점령했다. 서방의 전승 3개국은 민주화에 역점을 두고, 마셜 플랜Marshall Plan을 실시하여 독일의 경제 부흥을 꾀하고 나아가 군국주의의 재등장을 미연에 방지하려 하였다. 이에 소련 점령지구에서는 사회주의 입국을 최우선 과제로 삼았다.

서방 3개국이 1948년 6월 20일 화폐개혁을 단행하자, 소련은 서베를린에 진입하여 서베를린을 **봉쇄**하였다. 이에 미국이 비행기로 물자를 수송하는 작전을 펴, 결국 소련은 1949년 5월 베를린 봉쇄를 풀었다. 이후 독일민주공화국(동독)

과 독일연방공화국(서독)이 각기 수립되면서 **동서독의 분단**이 확고해졌다.

서독에서는 독일연방공화국이 탄생하여 본Bonn이 임시 수도로 정해졌다. 서독은 시장경제 원리와 사회보장제도를 결합한 사회적 시장경제를 추구하였다. 그리고 동독은 소련식 중앙통제 경제체제를 구축하였다. 1960년대에 들어와 많은 동독인들이 서독으로 탈출하자, 1961년 8월 13일 동독 정부는 베를린에 장벽을 구축하기 시작하였다.

1985년 소비에트 연방의 고르바초프Mikhail Gorbachev(1931~)가 집권하면서 개방정책을 추구하고, 동유럽에서는 비공산주의 정권이 수립되었다. 1989년 8월 19일 헝가리 정부가 오스트리아와 국경을 개방하자, 수많은 동독인들이 헝가리와 오스트리아를 거쳐 서독으로 넘어왔다. 1989년 11월 9일 베를린 장벽이 무너지고 시위대의 구호는 "우리가 인민이다Wir sind das Volk"에서 "우리는 한 민족이다Wir sind ein Volk"로 바뀌었다. 동독 정부는 동독의 주민들이 서독으로 가는 것을 묵인하고 통치권을 포기하였다.[1] 1990년 10월 3일 동독의 다섯 개 주가 서독으로 편입되면서 독일은 **통일**을 이루었다. 1994년에 베를린이 수도로 지정되었다.

---

1   전영애(2000), 독일의 역사. 실린 곳: 서울대학교 독일학연구소, 독일 이야기 I – 독일어권 유럽의 역사와 문화, 거름, 158쪽 이하 참조.

2. 독일의 신화

독일의 신화와 전설은 『에다Edda』와 『니벨룽의 노래Das Nibelungenslied』를 통해서 알 수 있다. 『에다』는 고대 아이슬란드어로 적힌 북유럽 신화이다. 『니벨룽의 노래』는 중세의 고지 독일어Hochdeutsch로 적힌 중세 시대의 영웅서사시로, 운문으로 적혀 있다. 『니벨룽의 노래』의 주요 내용은 지크프리트와 크림힐트의 신화 그리고 훈족의 궁정에서 부르군트족과 니벨룽의 용사들이 전멸당하는 내용이다. 여기에 자주 등장하는 신들과 영웅들의 대표적인 이야기는 다음과 같다.

오딘Odin, 프리크Frigg, 토르Thor

지구상에 최초에 존재했던 것은 암소인 아우둠라Audumla였다. 이 암소는 깊고 큰 나락인 긴눙가가프Ginnungagap에 있던 얼음이 녹아 탄생된 것이다. 아우둠라가 얼음을 혀로 핥아 내자 남자의 머리카락이 밖으로 솟아났다. 그 후 사흘째 되던 날 완전한 형태를 갖춘 신들의 조상 부리Buri가 나타났다. 그의 아들 보르Bor가 거인족의 딸 베스틀라Bestla와 결혼해, 최초의 신들인 장남 오딘, 그의 형제 빌리Vili와 베Vé를 낳았다.

오딘의 혈통을 잇는 신족들은 자신들의 거주지인 아스가르트Asgard를 건설했다. 그들은 이곳을 '기쁨을 주는 집'이라 불렀으며, 이곳은 수많은 금 때문에 광채를 발산했다. 아스가르트는 12개 이상의 영역으로 나뉘는데, 지상의 전투에서 전사한 영웅들의 거주지인 발할라Valhalla, 토르의 영역인 트루드헤임Thrudheim,

오딘과 프리크 사이에 태어난 태양의 신 발데르Balder의 거주지인 브레이다블리크Breidablik 등이 있다.

오딘, 빌리와 베는 죽은 나무 두 그루를 발견했는데, 한 그루는 물푸레나무였고, 다른 한 그루는 누릅나무였다. 이들은 두 나무를 끌어올려 인간을 만들었다. 남자는 아스크Ask, 여자는 엠블라Embla로 불렸으며 신들은 이들에게 미트가르트Midgard를 내주었다.[2]

신들은 미트가르트 바깥세계를 우트가르트Utgart라 하였다. 그리고 신들은 자신들과 인간들을 연결하는 불타는 무지개다리인 비프뢰스트Bifröst를 건축했는데, 이는 아스가르트와 미트가르트를 연결했다. 오딘의 거주지 위에는 전망대가 있었는데, 이곳은 오딘이 온 세계를 감시하면서 인간들을 관찰하는 곳으로 흘리즈크얄프Hlidskjalf라 한다. 오딘은 자신의 아내이자 신들의 어머니인 프리크 외에는 아무도 이곳에 발을 들이지 못하도록 하였다. 오딘은 신들 중에 가장 품위가 있었으며, 세상일을 현명하게 처리하며 많은 능력을 가지고 있었지만, 가끔 처녀를 유혹하기에 프리크는 상처를 입기도 한다. 프리크는 로마에서는 사랑의 신 비너스와 동일시되고 있다. 그녀는 매의 날개옷을 갖고 있어서, 자주 미트가르트로 날아다녔다고 한다.

오딘과 대지의 여신인 표르긴Fjørgyn 사이에 장남 토르(게르만 역사에서는 돈너Donner라 불린다)와 다른 후손들이 태어났다. 토르는 뇌우를 관장하며, 로마의 신 주피터와 동일시되었다. 토르는 던지기만 하면 반드시 적을 쓰러뜨리고 주인에

---

2   케빈 크로슬리-홀런드(1999), 북유럽 신화, 서미석 옮김, 현대지성사, 62쪽 참조.

게 되돌아오는 '뮬니르Mjolnir'라는 철퇴를 가지고 다닌다. 뮬리르의 자루는 물푸레나무로 만들어졌다.

신들의 멸망

우주를 뚫고 나온 세계수인 물푸레나무 위그드라실Yggdrasil이 전율하고, 세상은 온갖 혼란에 휩싸인다. 발할라에 있는 거인족과 신들은 군비를 갖추고 각자 무기를 잡는다. 이들의 마지막 전쟁을 라그나뢰크Ragnarök, 즉 '위대한 신들의 운명'이라고 부른다. 라그나뢰크를 독일의 작곡가 바그너는 그의 4부작 오페라 「니벨룽의 반지Der Ring des Nibelungen」 속에 '신들의 황혼Götterdämmerung'이라 표현하였다.

비프뢰스트 옆에서 보초를 서던 헤임달Heimdall은 거대한 나팔 걀Gjall을 입에 대고 경적소리를 낸다. 이 소리를 들은 모든 신들은 즉각 회의를 한다. 발할라 궁전의 540개의 문을 통해 각각 800명의 전사가 걸어 나온다. 그 거대한 군사는 비그리드Vigrid 벌판을 향해 나간다. 오딘은 다리가 8개 달린 말인 슬라입니르Sleipnir에 올라타고 선두에서 돌진한다. 그의 옆에는 염소가 끄는 마차를 탄 토르가 달리고 있다. 외팔이 전쟁의 신 티르Tyr와 말보다 더 빠른 황금 털의 수퇘지 굴보르스테Gullborste를 타고 있는 프레위르Freyr, 그리고 다른 신들이 진군한다. 사냥개 가름Garm과 티르가 정면대결을 하지만 상대를 제압할 수 없었고 서로에게 치명적인 상처를 입히고 죽어 간다. 헤임달과 로키Loki가 서로 칼을 휘두르며 싸우다 함께 죽는다. 토르는 뱀 요르문간드Jormungand를 죽이지만, 요르문간드가 자신에게 내뿜었던 독이 퍼져 아홉 발자국도 옮기기 전에 쓰러져 죽는다. 오딘은 거대한 늑대 펜리르Fenrir를 향해 궁니르Goungnir를 던져 상처를 입히지만 죽이지는 못한다. 펜리르는 입을 크게 벌리고 신들의 아버지 오딘을 집어삼켜 버린다.[3]

미트가르트는 화염에 휩싸이고 온 세계가 불타오르며, 우주의 나무가 붕괴된다. 오딘과 토르의 아들들이 아스가르트의 성벽 위로 물러난다. 태양이 빛을 삼키고 대지는 천천히 바닷속으로 가라앉는다.[4]

지크프리트와 크림힐트, 군터와 브륀힐트

지크프리트와 크림힐트　부르군트Burgund의 보름스Worms 성은 세 명의 젊은 왕들이 지배하고 있었는데, 그들의 누이동생인 크림힐트Kriemhild는 미모로 명성이 자자했다. 많은 용사들이 크림힐트를 아내로 삼고 싶어 했다. 크림힐트는 어느 날 두 마리의 독수리가 날아와 자신이 기른 매를 갈기갈기 찢어 버리는 꿈을 꾸었다. 크림힐트의 어머니는 그 꿈은 크림힐트가 사랑하는 남자를 얻자마자 그가 떠날 것을 암시한다고 해몽하였다. 이 해몽을 들은 크림힐트는 많은 구혼자를 물리쳤다.

라인 강변의 도시 크산텐Xanten에는 지크문트Siegmund와 그의 아내 지크린트Sieglind 그리고 그들의 아들 지크프리트Siegfried가 살고 있었다. 지크문트는 아들 지크프리트를 위해 대장장이 레긴Regin에게 양자로 보내고, 그에게서 루네 문자와 그 외의 것들을 습득하게 하였다. 레긴은 지크프리트에게, 황금 때문에 많은 이

3　케빈 크로슬리-홀런드(1999), 앞의 책, 337쪽 이하.
4　라이너 테츠너(2002), 게르만 신화와 전설, 성금숙 옮김, 범우사, 222쪽 이하.

들을 죽인 자신의 형이자 용인 파프니르^{Fefnir}를 죽이라고 유혹한다. 지크프리트는 레긴이 만들어 준 가장 훌륭한 검을 가지고 용을 물리친다. 지크프리트는 레긴의 요청으로 용의 심장을 도려내어 불에 굽던 중, 잘 익었는지 확인하려다 손에 화상을 입는다. 그리고 화상을 입은 손가락을 입안에 넣다가 용의 심장에서 나온 피를 마시게 된다. 이를 통해 지크프리트는 새들의 언어를 알게 되면서, 레긴이 자신을 죽이려 한다는 새들의 말을 듣게 된다. 그는 레긴을 죽이고, 용의 심장을 먹게 된다. 이로써 지크프리트는 불사신이 되고, 용의 보물을 차지하게 된다.[5]

지크프리트는 크림힐트란 여인이 탁월하게 아름다우면서도 많은 용사의 구혼을 물리친다는 소문을 듣고는, 그녀를 아내로 삼을 것을 결심한다. 지크프리트는 여행 도중 니벨룽족인 실붕^{Shilbung}과 니벨룽^{Nibelung}의 공격을 받아 그들을 죽이고 니벨룽족의 보물을 획득하게 된다. 난쟁이 알베리히^{Alberich}가 자신들의 군주를 죽인 지크프리트에게 복수를 하려고 하였지만, 오히려 지크프리트에게 제압을 당하고 마법의 망토를 빼앗긴다.

지크프리트는 부르군트 성의 군터^{Gunther} 왕을 만나 그와 친구가 되지만, 그때까지 군터 왕의 동생인 크림힐트를 전혀 만나지 못한다. 지크프리트는 부르군트 성에 머무는 동안 작센족과 전쟁을 치렀고, 승리를 이끌어 낸다. 승리를 거둔 지크프리트는 크림힐트를 만나게 되고 그녀를 아내로 맞이하게 된다.

군터와 브륀힐트   군터 왕은 아름다우면서도 강력한 힘을 지니고 있다는

---

5   라이너 테츠너(2002), 앞의 책, 263쪽 이하.

브륀힐트^{Brünhild}와 혼인하고자 한다. 그러나 그녀는 자신의 사랑을 얻으려는 자는 세 가지 시합에서 자신을 이겨야 한다는 조건을 내걸었다. 군터는 그녀를 얻기 위해 그녀가 살고 있는 성으로 가겠다고 결심한다. 군터의 신하 하겐^{Hagen}은 지크프리트에게 왕을 도와달라고 청한다. 지크프리트는 크림힐트를 아내로 준다면 왕이 브륀힐트를 제압하도록 돕겠다고 제안한다. 지크프리트는 난쟁이 알베리히에게서 빼앗은 망토의 힘을 이용하여 군터를 도울 계획을 세운다. 알베리히의 망토를 입는 사람은 열두 명의 용사에 해당하는 힘을 얻을 수 있으며, 사람의 눈에 띄지 않기 때문이다. 군터가 배를 타고 브륀힐트의 성에 도달하자, 백명에 달하는 아름다운 처녀가 부르군트의 영웅들을 맞이했다. 군터는 브륀힐트에게 청혼을 한다. 브륀힐트는 자신과의 싸움에서 자신을 이기면 그의 아내가 될 것이라 말한다. 브륀힐트의 방패와 창은 네 명의 시종이 끌고 와야 할 정도였다. 군터의 종사인 하겐과 당크바르트^{Dankwart}는 이를 보고 자신감을 상실하였으나, 지크프리트는 알베리히의 망토를 입고 자신의 존재를 알아보지 못하는 군터에게 용기를 주어 그가 승리하도록 돕는다. 이에 브륀힐트는 군터에게 자국의 통치권을 위임한다.

크림힐트와 브륀힐트　　　브륀힐트가 군터 왕의 궁에 찾아오자, 지크프리트는 군터에게서 크림힐트와의 결혼을 허락받는다. 군터는 브륀힐트와 결혼하였으나, 첫날밤 그녀는 군터를 제압하고 그를 벽에 걸어 두었다. 이에 군터는 지크프리트에게 다시 한 번 도움을 요청하고, 그는 마법의 망토를 입고 브륀힐트를 제압하는 데 도움을 준다. 비로소 군터는 브륀힐트를 품에 안을 수 있었는데, 그때 지크프리트는 브륀힐트 몰래 그녀의 반지 하나와 허리띠를 빼앗았다.

10년이 지나 크림힐트도 아들을 낳고 아이의 이름을 군터라고 불렀으며, 브륀힐트도 군터의 아들을 낳아 지크프리트라 불렀다. 어느 날 브륀힐트는 지크프리트와 크림힐트를 초대하였다. 저녁 미사 시간이 되기 전에 용사들은 궁성에서 마상시합을 하면서 여흥을 즐기고 있었다. 크림힐트는 보름스로 데려온 마흔세 명의 아름다운 처녀들로 하여금 아름다운 비단으로 만든 옷을 입도록 하였다. 브륀힐트도 하녀들에게 화려하게 장식을 하게 하고 크림힐트를 기다리고 있었다. 그러나 브륀힐트의 시녀들은 크림힐트의 시녀들보다 초라해 보였다. 지크프리트는 그동안 막대한 부자가 되어 있었기 때문이었다. 이들은 보름스 사원 앞에서 서로 자신들이 우월함을 자랑하다 싸움을 벌이게 되었다. 이에 크림힐트는 브륀힐트가 군터와의 첫날밤에 지크프리트에 의해 제압당했음을 폭로한다. 그리고 브륀힐트는 자신이 빼앗긴 반지와 허리띠를 크림힐트가 지니고 있음을 알게 되었다.

브륀힐트가 울면서 군터에게 이 사실을 알리자, 군터의 신하인 하겐은 지크프리트의 암살을 계획하게 된다. 군터는 지크프리트가 자신들을 위해 덴마크와 작센과 싸워 승리를 가져다주었음을 이야기하면서 하겐의 분노를 억제하려 하였으나 역부족이었다.

군터의 부하들은 지크프리트를 죽이기 위해 뤼데거^{Rüdeger}와 그의 동생 뤼데가스트^{Rüdegast}가 국경을 넘어 침략해 위협하고 있다고 거짓을 고한다. 이에 지크프리트도 함께 이들이 거짓으로 계획한 전투에 참여한다. 그리고 하겐은 크림힐트에게 지크프리트를 돕겠다며 그의 약점을 알아낸다. 크림힐트는 지크프리트의 약점에 섬세한 명주실로 십자 표시를 해 두겠다고 이야기한다. 이후 군터와 지크프리트는 오덴발트로의 사냥을 계획한다. 이때, 하겐의 계략으로 포도주가 준비되지 않았다. 갈증을 느낀 지크프리트는 물가로 달려가려 했다. 이에 하겐은 달리기 시합을 제안한다. 군터와 하겐은 갑옷을 벗고 뛰었지만 지크프리트는 무장한 차림으로도 군터와 하겐을 따라잡았고 그들보다 먼저 우물에 도착한다. 지크프리트가 물을 마시는 동안 하겐이 지크프리트의 검과 활을 옆으로 치우고 지크프리트의 어깨 위에 나 있는 표시를 찾아내어 영웅의 등에 창을 찔렀다. 지크프리트가 벌떡 일어났지만 검과 활을 찾을 수 없었다. 결국 지크프리트는 사망하고 만다. 크림힐트는 슬픔으로 울부짖으면서, 복수심과 증오심을 품게 되었다.

군터와 하겐, 크림힐트와 에첼　도나우 강변은 훈족들이 다스리고 있었는데, 에첼Etzel(아틸라Attila를 말한다)이라는 왕이 살고 있었다. 그의 아내 헬헤Helche가 사망하자, 그의 심복들은 미망인이 된 크림힐트와 결혼할 것을 왕에게 권했다. 드디어 에첼은 크림힐트와 결혼식을 올렸다. 크림힐트는 7년을 에첼과 함께 살면서, 그동안 오르트리프Oertlieb라는 아들을 낳았다.

어느 날 크림힐트는 오빠 군터와 하겐을 초대한다. 하겐이 크림힐트의 초대를 받아 에첼의 궁으로 오다가 도나우 강변에서 인어들이 목욕을 하고 있는 것을 발견했다. 하겐이 인어의 옷을 가져가 버리자, 인어들이 옷을 돌려달라고 요청한다. 하겐은 인어들이 자신의 미래를 예언하면 옷을 주겠다고 말한다. 인어들은 하겐이 에첼의 나라에 호화롭고 명예롭게 도달할 것이라 예언한다. 이에 하겐이 인어들의 옷을 돌려주자, 인어들은 하겐이 에첼의 나라에서 살해될 것이라고 예언한다. 또한 인어들은 부르군트의 영웅들이 에첼의 성에 가기 위해 변경의 영주 엘제Else와 바이에른의 영주 겔프라트Gelfrat의 영토를 지나야 할 때, 사공에게 하겐의 이름을 나라 밖으로 추방당한 아멜리히Amelrich라고 말하고, 사공의 요구를 들어주라고 조언한다. 그리하여 강가에서 하겐은 자신의 이름이 아멜리히라고 말하고 강을 건너게 해 줄 것을 사공에게 요구하였다. 그러나 사공은 하겐이 아멜리히가 아니며, 자신의 주군엔 적이 많기에 강을 건너게 해 줄 수가 없다고 말한다. 하겐이 금을 주며 간청하였으나, 사공은 하겐을 자신의 삿대로 내리쳤다. 이에 하겐은 사공의 머리를 베어 물속에 던져 버렸다. 군터가 배에 피가 묻어 있는 것을 보고 하겐이 사공을 죽였는지 물어보지만 하겐은 시치미를 떼었다. 하겐은 천 명의 용사들과 구천 명의 신하를 급류 위로 이끌었다. 그리고 배에는 옷과 보물 그리고 무기들을 실었다. 배로 짐을 나른 후에 하겐은 배를 박살 내어버렸다.

엘제와 겔프라트는 하겐이 자신들의 신하인 사공을 죽인 것을 알고는 싸움을 벌였으나, 하겐이 승리를 거두었다. 그리고 여러 우여곡절을 거친 후, 부르군트의 사람들은 마침내 훈족의 나라에 도착했다.

한편 크림힐트는 에첼이 자신을 사랑해서가 아니라 자신이 지닌 니벨룽족의 보물을 탐내 결혼했음을 알게 된다. 군터도 에첼을 믿을 수가 없음을 알게 되고, 그에게 자신을 자유롭게 해달라고 요청하였으나 거부된다. 결국 군터는 에첼에게 결투를 신청하지만, 그에게 살해당한다. 에첼은 영웅인 하겐을 존경해 왔기에 크림힐트가 감옥에 갇힌 하겐에게 접근하지 못하게 했다. 그러나 크림힐트는 심복을 통해서 하겐의 감옥으로 들어가 그를 죽인다. 그리고 난 뒤 모든 것을 상실한 아픔 때문에 크림힐트는 불을 지르고 그 속으로 들어가 자결을 하고 만다.

3. 독일 사람들과 언어

독일의 주민

독일의 인구는 약 8120만 명으로 유럽에서 인구가 가장 많고 인구 밀도가 가장 높다. 1975년 이후로 독일은 OECD 국가 중 일본을 제외하고 가장 높은 고령화 지수와 출산율 감소를 보이고 있다. 그러나 전체 인구는 증가하고 있는데, 이러한 증가는 외국인과 외국에 살던 독일인의 유입이 그 원인이다.

소수민족과 외국인 문제

독일에는 많은 소수민족이 거주하고 있다. 슐레스비히홀슈타인에는 약 3만 명의 덴마크인, 브란덴부르크와 작센에는 약 3만 명의 집시 '신티Sinti'(다른 지역에서는 '로마Roma'라고 한다)와 5만 명의 소르브인이 살고 있다. 소르브인은 브란덴부르크와 작센 사이에서 거주하는 소규모의 슬라브 민족이다.[6]

독일은 이민자 인구가 미국에 이어 세계에서 두 번째로 많은 나라이다. 이민

---

6   Renate Luscher(1998), 통일 독일의 문화와 예술, 김이섭·최경은·배정희 옮김, 담론사, 23쪽 이하 참조.

자의 유입은 1950년대부터 시작되었다. 독일은 노동력 부족으로 1955년 이탈리아를 선두로, 1960년에는 스페인과 그리스, 1961년에는 터키 등지에서 많은 '이주 노동자Gastarbeiter'를 유치하였다. 그러나 1973년 오일 쇼크로 독일의 경제가 침체 국면에 달하면서, 노동이주 협약은 종료되었다. 그러나 1973년 이후로 이주 노동자들이 가족을 초청해 외국인들이 유입되기 시작하였다. 1983년 '귀국촉진법'이 제정되어 보조금을 지급하면서 외국인의 귀국을 장려했으나 귀국자는 5% 정도에 불과했다. 2004년을 기준으로 약 730만 명의 이주 노동자들이 독일에서 거주하여 독일 전체 인구의 9%에 이르렀다. 이들 이주 노동자 중에는 터키 출신들이 가장 많고 대다수가 시민권을 갖고 있지 않다. 이들은 교육 수준이 낮고, 독일인에 비해 낮은 경제 수준을 보이고 있으며, 교육을 중도에 포기하는 자녀들이 있는 경우도 많다. 이로 인해 독일 사회 속에서 많은 문제가 발생하고 있다. 통일 후 외국인 혐오사상에서 비롯한 이민자에 대한 극우파의 폭력행위는 증가하고 있다. 실례로 1993년 5월 29일 졸링겐Solingen에서는 신新나치 세력들이 난민 신청자 임시 숙소와 터키인 거주지에 방화하는 사건이 발생했다.[7]

그러나 독일은 이민법과 사회통합제도를 통해 이주민제도에 대한 변화를 꾀하고 있다. 가장 획기적인 계기는 2000년에 독일의 국적법이 제정된 것이다. 즉, 부모가 독일에서 태어났거나 14세 미만 때에 독일에 들어와서 계속 살아왔을 경우, 부모 중의 한 사람이 장기체류 영주권을 갖고 독일에서 8년 이상 거주한 경우에 그 자녀가 독일에서 태어나면 독일시민권을 취득할 수 있도록 하고 있다.

---

7   강수돌(2005), 독일 내 국제이주노동자 현황과 정책, FES-Information-Series 참조.

최근에도 독일은 오랜 내전과 IS로 인한 전쟁으로 살기가 어려워져 고국을 떠나온 시리아 난민을 대거 받아들였다. 독일은 인도적인 입장에서 시리아 난민을 받아들였지만, 난민을 대상으로 하는 범죄가 발생하는 등 해결해야 할 문제가 산재되어 있다. 결국 2016년 2월에는 독일과 프랑스의 정상이 만나 불법 이민자의 추방과 난민 수의 축소에 합의하게 되었다.

유대인 문제

셈족에 속하는 유대인들은 유목민으로 돌아다니다가, 기원전 1500년경에 가나안에 정착한다. 가나안이 이집트의 지배를 받으면서 유대인들은 노예로 끌려가게 되었다. 기원전 1300년경에 모세가 이집트에서 해방시킨 유대인들은 가나안에 재입성하게 된다. 이집트와 바빌론의 힘이 약해진 기원전 1050년경에는 사무엘이 히브리 국가를 세웠고, 사울, 다윗, 솔로몬 왕의 시대에 전성기를 누렸다. 기원전 8세기에 이스라엘 왕국은 아시리아의 침략을 받아 멸망하였다. 이때부터 유대인의 '디아스포라Diaspora', 즉 본토를 떠나 타국에서 자신들의 규범과 관습을 유지하는 이산의 역사가 시작되었다. 유대인들은 기독교 문명국인 유럽에서 이질적인 존재로 살아갔다. 18세기 말에서 19세기, 계몽주의와 프랑스 혁명 후 유대인들은 여러 나라에서 시민권을 획득했다. 그러나 19세기에 들어 민족주의가 고조되어 반유대주의가 유럽 전역에 확산되면서 유대인 배척주의Antisemitismus가 시작되었다.

독일에서는 히틀러가 유대인 박해주의를 표방하면서, 유대인을 모든 공직에서 쫓아냈으며, 유대인에 대한 박해가 공개적으로 자행되었다. 유럽에서 박해를 받은 유대인들은 다수가 미국으로 건너가고, 일부는 팔레스타인으로 돌아가 1948년 이스라엘을 건국했다.[8]

2차 세계대전 중 나치 독일이 자행한 유대인 대학살을 홀로코스트Holocaust라 한다. 독일이 패전하자 뉘른베르크에서 나치전범의 재판이 이루어져 나치의 주요 전범 11명이 처형되었으며, 다른 전범들은 교도소에 수감되었다. 나치 점령지에서 강제노동에 시달렸던 유대인들은 독일 정부로부터 보상받았다. 또한 독일은 유대인 학살 기록을 연구하고, 유대인 수용소들은 보존되어 일반인들에게 역사 교훈장으로 공개되고 있다. 보존되고 있는 유대인 수용소의 대표적인 예는 나치 정권에 의해 처음으로 세워진 뮌헨 근교의 다하우Dachau이다. 수용소에는 화장장과 가스실 등이 그대로 보존되어 있고, 나치의 잔학성을 알리는 다큐멘터리를 상영하고 있다. 그 외 바이마르 근교의 부헨발트Buchenwald 수용소도 있다. 베를린에도 유대인 추모비 공원Holocaust Mahnmal이 2015년에 마련되어 희생자들을 추모한다. 이곳에는 제각기 다른 2,711개의 다양한 조형물이 있는데, 이 조형물은 비석을 상징한다.

---

8   최윤영(2000), 오스트리아·스위스·유대인의 역사와 문화. 실린 곳: 서울대학교 독일학연구소, 독일 이야기 I - 독일어권 유럽의 역사와 문화, 거름, 265쪽 이하 참조.

독일어와 방언

독일어는 세계적으로 약 1억 2000만 명이 사용하는 언어이고 독일, 오스트리아, 스위스, 리히텐슈타인, 남부 티롤의 모국어이다. 스위스에서는 독일어, 프랑스어, 이탈리아어 등 3개 언어가 모두 모국어이다. 룩셈부르크, 벨기에, 프랑스의 알자스 지방에서도 독일어를 사용하는 지역이 있다.[9]

독일어는 인도-유럽어 중 서게르만어에 속하는 언어이다. 독일어Deutsch의 어원은 서게르만어인 'thioda'(민중Volk, 즉 민중이 쓰는 언어라는 뜻)이다. 중세 시대의 공문서는 라틴어로 쓰였기에, 이것과 구분하기 위한 언어로 쓰였다. 종교개혁가 마르틴 루터의 성서 번역으로 표준어가 형성되기 시작하였다.

독일어에는 표준 독일어(고지 독일어)와 방언 등이 있다. 방언에는 슐레스비히 방언, 함부르크 방언, 동프리슬란트 방언 그리고 메클렌부르크포어포메른 방언 등을 포함한 저지 독일어, 헤센어와 작센어를 포함한 중부 독일어 그리고 바이에른 방언, 슈바벤 방언과 알레만어를 포함한 상부 독일어가 있다.

---

9   Renate Luscher(1998), 앞의 책, 27쪽 이하 참조.

II

독일의 16개 행정주

독일 16개 행정주와 주도

발트 해

북해

킬

슐레스비히
홀슈타인

메클렌부르크
포어포메른

브레멘

슈베린

함부르크

베를린

니더작센

하노버

포츠담

마그데부르크

브란덴부르크

노르트라인베스트팔렌

작센안할트

작센

뒤셀도르프

에르푸르트

드레스덴

헤센

튀링겐

라인란트팔츠

비스바덴

마인츠

자를란트

자르브뤼켄

슈투트가르트

바이에른

바덴뷔르템베르크

뮌헨

독일은 유럽에서 네 번째로 영토가 큰 나라로, 유럽 최대의 경제대국이며 세계적으로는 미국, 중국, 일본에 이어 네 번째로 큰 경제대국이다. 독일은 유럽연합(EU)과 NATO 회원국이다. 독일은 유럽의 중심에 위치하기에, 독일 국경에 접한 나라는 덴마크, 네덜란드, 벨기에, 룩셈부르크, 프랑스, 스위스, 오스트리아, 체코 그리고 폴란드 등 9개국이다. 또한 북쪽으로 발트 해Ostsee와 북해Nordsee에 접해 있다.

  독일의 면적은 35만 7340km²로 대한민국의 대략 4배 정도 크기이다. 독일의 지형은, 북부 지역은 저지대로서 평평하며, 중부는 중부 고지대로 산맥과 구릉지대가 많고 남부는 알프스 지대 등 지형이 높은 산악지대가 많다. 기후는 북서부 지역은 해양성 기후, 남동부 지역은 대륙성 기후이다. 바다에 인접한 북서부 지방은 위도상 우리나라보다 높은 곳에 있지만 겨울철에도 위도에 비해 춥지 않고 여름에는 시원하다. 그러나 내륙 지방은 겨울에 매우 춥다. 7월의 평균 기온이 최고 21.8℃ 그리고 최저 12.3℃, 1월에는 평균 최고 2.1℃에서 최저 -2.8℃이다.[1]

  독일의 정식 명칭은 독일연방공화국Bundesrepublik Deutschland(BRD)으로, 16개의 주로 이루어져 있다. 독일은 연방주의에 기초한 연방국가로 연방정부와 16개의 주는 각기 독립적인 권한을 가지고 있다. 수도는 베를린Berlin이다.

---

1   Peter Hinderer und Janet Schayan(Hrsg)(2015), *Tatsachen über Deutschland*, Societät-Medien Verlag 참조.

독일의 정부 구조는 의원내각제를 채택하고 있다. 연방상원은 16개 주에서 파견한 69명의 대표로 구성된다. 각 주는 인구수에 비례하여 최소 3명에서 최대 6명까지 대표를 파견할 수 있다. 독일의 최고직은 5년 임기의 연방대통령이나, 실질적인 권력을 가진 것은 연방총리이다. 대통령은 대외적으로 독일을 대변하는 역할을 담당하고, 연방총리와 연방장관들을 임명하며 법률을 발효시킨다. 대통령은 시민들에 의해서 선출되는 것이 아니라, 연방대통령 선출을 위해 특별히 소집된 연방회의를 통해 선출된다. 이 연방회의의 절반은 국민에 의해 직접 선출된 임기 4년의 연방하원의원이, 나머지 절반은 각 주 의회가 임명하는 선거인단으로 구성된다. 대통령은 1회에 한해서 재임할 수 있다. 연방총리는 연방하원에서 비밀투표로 선출한다. 부대통령은 연방상원 의장직을 겸하는데, 임기가 1년이고 주총리들이 돌아가면서 맡고 있다.[2]

독일의 군대는 2010년부터 징병제를 중단하고 모병제를 채택하고 있으며, 현재 약 18만 명의 현역 군인이 있다. 독일의 상징은 독수리이며 독일의 연방국기는 검정색, 빨간색 그리고 금색으로 구성된다. 독일은 2002년 1월 1일부터 유로화를 도입하고 있다.

1. 슐레스비히홀슈타인 Schleswig-Holstein 주

슐레스비히홀슈타인 주는 독일에서 가장 북쪽에 위치한 주로, 북쪽으로는

2　Peter Hinderer und Janet Schayan(Hrsg)(2015), 앞의 책 참조.

덴마크에 접해 있고, 서쪽은 북해에, 동쪽은 발트 해에 면하고 있다. 인구는 약 283만 명으로, 주요 산업은 농·축산업이고, 식품 가공업과 조선업도 발달하였다. 주 내에 흐르는 가장 긴 강은 아이더Eider 강이다. 지리적 위치 때문에 독일 해군의 주요 거점 역할을 하고 있다. 이 주에는 북해에 있는 동프리지아 제도 Ostfriesische Inseln, 헬골란트Helgoland와 할리겐Halligen 섬이 있다. 그리고 북해 연안에는 넓은 갯벌이 형성되어 있다.

주도州都: 킬Kiel

슐레스비히홀슈타인 주의 주도 킬은 발트 해의 킬 만 안쪽에 위치한 항구도시로, 조선 및 수산가공 그리고 기계제조, 제분 등의 공업이 발달하였다. 인구는 약 24만 명이다. 킬의 대표적인 문화 행사는 매년 6월에 개최되는 '킬 주간Kieler Woche'이다. 이 행사는 1895년부터 개최된 요트경주로, 이때 전 세계의 선수 및 관람객들이 모여든다.

킬의 대표적인 선박회사는 'Howaldtswerke-Deutsche Werft GmbH'(약칭 HDW)에서 2012년 'ThyssenKrupp Marine Systems'(TKMS)로 명칭을 바꾼 조선소인데, 이 회사는 독일에서 가장 큰 잠수함 건조사이다.

14세기까지 덴마크 대공이 북부 지역을 통치하여, 슐레스비히홀슈타인은 오랫동안 덴마크와 정치적 연합관계를 유지했다. 그 결과 슐레스비히홀슈타인에

킬 만
© Uwe Wanger/Kiel-Marketing e.V.

거주하는 덴마크 소수민족은 킬 지방의회에 1개의 의석을 가지고 있다.[3]

항해 박물관 Kieler Schifffahrtsmuseum　　예전에 생선 경매장이었던 곳을 개조해 1978년에 설립된 항해박물관은 해양도시 킬의 역사를 보여 준다.

● **라보에 해전기념비**Laboe Marine Ehrenmal

킬 근처에 위치한 라보에는 아름다운 해변의 경치로 유명하다. 이곳에는 거대한 해전기념비가 있는데, 내부에 1·2차 세계대전에서 사망한 독일군과 연합군을 추모하는 공간이 있다. 2차 대전 당시 독일의 주력 함대였던 잠수함 'U-Boot 995'가 전시되어 있다.

3　Renate Luscher(1998), 통일 독일의 문화와 예술, 김이섭·최경은·배정희 옮김, 담론사, 43쪽 이하 참조.

뤼베크Freie Hansestadt Lübeck

슐레스비히홀슈타인 주 중에 가장 큰 도시이자 항구도시인 뤼베크는 중세시대 한자도시Hansestadt의 중심으로, 과거의 흔적이 많이 남아 있는 구도시 전체가 1987년에 유네스코 세계문화유산으로 지정되었다. 브레멘, 함부르크와 뤼베크가 3대 한자도시이다. 그래서 함부르크는 자동차 번호판이 HH(Hansestadt Hamburg), 뤼베크는 HL(Hansestadt Lübeck), 브레멘은 HB(Hansestadt Bremen)로 시작한다.

뤼베크의 인구는 약 20만 명이며, 트라베Trave 강이 발트 해로 흘러드는 어귀에 위치하고 있다. 뤼베크는 노벨상을 받은 토마스 만Thomas Mann과 그의 형 하인리히 만Heinrich Mann의 고향이기도 하다. 이곳에는 토마스 만의 대표작『부덴브로크 가의 사람들Die Buddenbrook』(1901)의 무대이자 그가 실제 거주하였던 '부덴브로크 하우스'가 있다. 현재 만과 관련된 자료들을 전시하고 있다.

뤼베크-트라베뮌데Lübeck-Travemünde는 뤼베크의 일부로, 뤼베크 만의 트라베 강 어귀에 위치해 있다. 이곳에는 두 개의 해안가가 있는데, 슈트란트프로메나데Strandpromenade와 프리벨Priwell로, 두 곳에서 발트 해를 볼 수 있다. 슈트란트프로메나데는 길이 1.7km의 해안가에 1,700여 개의 등의자가 놓여 있어 방문객들이 휴식을 취할 수 있다.

홀슈텐 문 Holstentor 　뤼베크에 남아 있는 후기 고딕 양식의 성문인 홀슈텐 문은 1478년에 완성되었고, 중세의 건물 형태를 볼 수 있어 유네스코 세계문화유산에

뤼베크 홀슈텐 문

등재되어 있다. 북부 독일 특유의 벽돌 고딕 양식으로 완성된 홀슈텐 문은 높은 지명도를 가진 뤼베크의 상징물이자 국가의 아이콘으로, 예전에 사용했던 독일 동전에도 새겨져 있다. 홀슈텐 문의 도시 쪽으로 향한 부분은 하나의 건물로 보이지만, 도시 밖을 향한 서쪽 방향의 건물은 남쪽과 북쪽의 탑 그리고 가운데 건물로 나뉘어 있다. 4층으로 된 두 개의 탑은 아래는 둥글고 위는 뾰족한 형태로, 중앙부의 윗부분은 네모난 판 장식으로 꾸며져 있고, 1층은 사람들이 지나갈 수 있도록 되어 있다. 도시 밖을 향한 건물의 가운데 부분에 "Concordia Domi Foris Pax"(안으로는 화합, 밖으로는 평화)라 표기되어 있다. 현재 홀슈텐 문은 1950년 이후로 도시의 역사와 한자동맹에 사용되었던 배를 전시하는 박물관으로 사용되고 있다.

홀슈텐 문 앞, 그리고 운하 연안에 벽돌 르네상스 양식과 벽돌 고딕 양식의 건

뤼베크 소금창고

물 여섯 채가 나란히 이어져 있는 형태의 소금창고가 있다. 뤼베크가 한자도시의 중심이 되어 무역업이 성행하면서, 소금을 비롯한 다양한 상품을 저장하기 위해 사용되었다. 이곳은 현재는 의류 백화점으로 사용되고 있다.

시청사^{Rathaus} **와 성모 마리아 교회**^{Marienkirche}　　뤼베크 시의 한가운데, 시청사와 성모 마리아 교회가 자리 잡고 있다. 1308년에 완성된 시청사는 오랜 세월에 걸쳐 재건축과 증축을 하였기에 로마네스크, 고딕 그리고 르네상스 등의 다양한 양식이 혼합되어 있다. 가장 특이한 부분은 건물 외벽에 지어진 르네상스 양식의 계단이다. 시청사 광장에는 시장이 형성되어 있다.

1350년에 완성된 뤼베크의 성모 마리아 교회는 독일 전체에서 가장 규모가 크다. 교회 내부의 아치형 천장은 높이가 38.5m로 세계에서 가장 높다. 조각가

뤼베크 시청사

롤프 고를러Rolf Gorler가 1999년에 완성한 청동으로 된 작고 귀여운 모습의 악마가 교회 앞에 있다. 악마의 양발은 각각 사람의 발과 소의 발 모양을 하고 있다. 교회 내부에 베른트 노트케Bernt Notke의 「뤼베크의 죽음의 무도Lübecker Totentanz」가 있다. 원래의 작품은 2차 세계대전 때 완전히 파괴되고, 현재의 것은 복원된 것이다. 하인리히 브라벤더Heinrich Brabender의 「최후의 만찬」 부조작품은 1515년 완성되어, 성모 마리아 교회의 대표작으로 손꼽힌다. 성모 마리아 교회에는 바흐에게 많은 영향을 준 독일의 작곡가이자 오르간 연주자 북스테후데Dietrich Buxtehude가 연주하던 오르간이 있다. 그 외에 눈길을 끄는 것은 2차 대전 때 파괴된 모습을 그대로 보존하여 전시하고 있는 종이다.

성 야고보 교회 St. Jakobkirche   선원과 어부를 위해 1334년에 설립된 성 야고보 교회는 성 야고보의 순교지로 알려진 스페인의 산티아고 데 콤포스텔라Santiago de Compostela까지 이어지는 '야고보의 길'의 한 지점이다. 성 야고보 교회는 1276년에 화재로 소실되었고, 같은 자리에 오늘날과 같은 벽돌 고딕 양식의 교회가 세워

노트케, 「뤼베크의 죽음의 무도」

졌다. 성 야고보 교회의 서쪽 발코니에 있는 오르간과 북쪽 벽에 설치되어 있는 오르간은 15세기에 만들어져 유서 깊은 오르간으로 유명하다.

2. 자유 한자도시 함부르크Freie und Hansestadt Hamburg

함부르크는 독일 최대의 항구도시이다. 1189년 5월 7일 프리드리히 바르바로사 황제는 함부르크인들에게 엘베에서 북해까지 배의 운항을 인정하여 면세권을 주었다. 이후로 함부르크에서는 매년 5월 7일 항구의 개항일Hafengeburtstag로 축제가 벌어진다. 함부르크는 바다와 떨어져 북해에서 엘베 강을 거슬러 올라간 지역에 위치해 있기 때문에 조수 간만의 차가 적어 연중무휴 안전하게 작업할 수 있는 장점이 있다. 또한 엘베 강의 수로를 따라 모든 화물이 운반되고, 항구와 철도를 바로 연결하는 화물 수송용 고속열차Block Train를 중심으로, 항구의 모든 곳에서부터 1시간 안에 도달할 수 있는 고속도로망이 연결되어 있다. 즉 함부르크는 유럽 전역으로 전 세계의 화물을 연결하는 유럽 최적의 물류 중심지이

함부르크 엘베
© Hans Peter Merten/Deutsche Zentrale für Tourismus e.V.

함부르크
© Thomas Hampel/Hamburg Tourismus GmbH

슈피겔지 본사
© Ralf Brunner/Deutsche Zentrale für Tourismus e.V.

함부르크 항구

다. 독일의 선박회사는 300개가량이 있는데, 그중 100개 이상이 함부르크에 있다. 또한 함부르크의 핑켄베르더Finkenwerder라는 지역에는 독일 내에서 가장 큰 항공기 생산 기지가 있다.

함부르크는 도시 자체가 하나의 연방주이다. 독일에서 베를린 다음가는 두 번째로 큰 도시로, 인구는 176만이다. 함부르크에는 수많은 운하들이 엘베 강의 본류와 연결되고 2,600여 개의 다리가 있어 독일의 베네치아라 불린다. 함부르

아우센알스터에서 스케이트 타는 사람들
© Ralf Brunner/Deutsche Zentrale für Tourismus e.V.

함부르크 롬바르트-케네디 다리

함부르크 시청사

함부르크 히기에이아 분수

크의 주요 산업은 조선업과 정유이다. 그리고 함부르크에는 독일 내에서 가장 많은 외국 영사관이 위치해 있고, 진보 성향의 유명 주간지 〈슈피겔Spiegel〉의 본사가 있다. 함부르크는 낭만주의 작곡가 브람스Johannes Brahms (1833~1897)의 고향이기도 하다.

알스터 호 Alstersee   알스터 강은 함부르크를 거쳐 지나가는 엘베 강의 지류로

그 길이가 약 53km에 달한다. 알스터 강의 가장 중요한 부분은 함부르크 시내에 있는 알스터 호이다. 알스터 호는 제분소의 작동을 위해 알스터 강에 둑을 쌓아 물을 가두는 작업을 하다 생긴 인공 호수로, 함부르크의 상징과 같은 곳이다. 롬바르트 다리Lombardsbrücke와 케네디 다리Kenndybrücke를 가운데 두고 아우센알스터Außenalster와 시청 광장에 면해 있는 빈넨알스터Binnenalster로 구분된다. 시민들이 알스터 호에 나와 휴식을 취하거나 조깅을 하는 모습을 볼 수 있다.

시청사Rathaus**와 히기에이아 분수**Hygieia-Brunnen   시청사 건물은 1886년부터 1897년에 걸쳐 세워진 신 르네상스식 건물로 화려한 자태를 뽐낸다. 시계탑의 높이는 112m이다.

시청사 뒤뜰에 위치한 히기에이아 분수는 1895년에서 1896년에 걸쳐 완성된 것이다. 분수의 가장 높은 곳 중앙에 있는 여신은 그리스 신화 속 건강의 여신인 히기에이아이다. 1982년 여름 함부르크에서 약 1만 7000명의 시민이 콜레라에 감염되어, 8,500명 이상이 사망한 사건이 발생하였다. 히기에이아 분수는 이 사건을 기억하기 위해 설립된 것이다. 히기에이아는 손에 접시를 들고 있는데, 여기에서 물이 뿜어져 나온다. 그녀의 발밑에는 콜레라를 물리쳤다는 의미로 용이 설치되어 있다. 그리고 그 밑에는 물과 관련된 형상들이 있다. 배를 들고 있는 남자, 월계관을 들고 있는 여자, 물고기를 들고 있는 남자, 항아리를 들고 있는 여자, 조개를 들고 있는 목양신과 거울을 들고 있는 여자로 총 6개의 형상이다.

성 미카엘 교회 Sankt Michaelis Kirche   성 미카엘 교회는 사탄을 이긴 대천사 미카엘을

함부르크
성 미카엘 교회 앞
루터 동상

칠레하우스
© Andreas Vallbracht/
Hamburg Tourismus GmbH

함부르크 플란텐 운 블로멘

기리는 교회로, 1669년에 바로크 양식으로 완성되었다. 성 미카엘 교회는 특이한 건축 양식으로 함부르크를 상징한다. 총 높이가 132m로, 탑의 전망대에 올라가면 함부르크 전경이 한눈에 보인다. 정문 위에 사탄을 무찌른 모습의 미카엘 대천사상이 있고, 탑 앞에는 종교개혁자 루터의 동상이 있다.

칠레하우스Chilehaus   칠레하우스는 건축가 프리츠 회거Fritz Höger가 1922~1924년에 건립한 건물로 유네스코 세계문화유산에 등재되었다. 이 건물의 소유주 슬로먼Henry B. Sloman이 칠레에서 부의 기반을 다졌기에 칠레하우스라는 명칭이 붙었다. 상층부는 뱃머리를 연상시키고, 파사드(건물 정면)의 수직성과 벽돌 장식이 독특하여 눈에 띄는 건물이다.

함부르크 구 엘프터널   함부르크 구 엘프터널 내부

플란텐 운 블로멘 Planten un Blomen   플란텐 운 블로멘은 북독일어 방언으로 식물과 꽃이라는 뜻이다. 함부르크 중심가에 위치한 47ha(헥타르)에 달하는 큰 공원으로 입장료는 없다. 여름에는 아이들을 위한 공연을 개최하며 시민들의 휴식처가 되고 있다.

구 엘프터널 Alter Elbtunnel   1911년 완성된 세계 최초의 해저 터널인 구 엘프터널의 정식 명칭은 성 파울리 엘프터널St. Pauli Elbtunnel이다. 터널은 지하 26m 지점에 위치하며, 그 길이는 426m이다. 현재는 새 터널이 완성되어 사용되지 않고 관광자원화되었다. 한 해에 500만 명 이상의 관광객이 방문한다.

피시마켓Fischmarkt   함부르크의 알토나Altona 지역에 위치해 있는 피시마켓은 300년 전통을 가진 어시장으로 매주 일요일 오전 6시부터 9시 30분까지 열린다. 이곳에서는 생선뿐만 아니라 다양한 물건이 판매된다.

3. 자유 한자도시 브레멘Freie Hansestadt Bremen

브레멘은 '붉은 수염'이라 불리는 프리드리히 바르바로사 황제로부터 1186년 도시 자치권을 부여받았다. 그 후에 북해와 발트 해의 해상 무역으로 번성한 브레멘은 한자동맹의 중추적인 도시로 발전하여, 1806년 이후에는 자유 한자도시로 통하고 있다. 브레멘 주는 브레멘과 북쪽으로 60km 떨어진 항구도시 브레머하펜Bremerhaven까지 포함한 형태로, 베저Weser 강을 끼고 있다. 특이한 점은 브레멘과 브레머하펜 사이에 놓여 있는 지역이 브레멘 주가 아닌 니더작센 주라는 점이다.

브레멘은 독일에서 가장 작은 주이다. 인구는 약 67만 명으로, 독일에서 열 번째로 큰 도시이자 함부르크 다음가는 항구도시이다. 브레머하펜에서는 '알프레트 베게너 극지 해양연구소'가 유명하다.

1980년대 브레멘의 대학 가까이에 대규모 과학연구단지 테크노파크가 건립되었다. 이곳은 독일에서 가장 큰 연구단지 중 하나로, IT산업, 정보통신, 비행, 항공기술 분야, 나노 분야, 건축 분야의 연구소가 들어서 있다.

브레멘의 문장에 있는 열쇠는 이 도시의 수호 성인인 베드로의 상징물이다.

브레멘 음악대 동상Die Bremer Stadtmusikanten Denkmal　브레멘에서는 그림 형제의 동화 『브레멘 음악대』에 나

브레멘 음악대 동상

오는 당나귀, 개, 고양이 그리고 수탉의 동상을 쉽게 볼 수 있다. 공식적으로 가장 유명한 동상은 1951년 마르크스^{Gerhard Marcks}가 세운 것이다. 이 동상은 시청사와 성모 교회^{Unser Lieben Frauen Kirche} 사이에 있다.

구시청사^{Altes Rathaus}　　　광장에 있는 시청사 건물은 1410년에 완성된 고딕 양식의 건물로, 유네스코 세계문화유산에 등재되어 있다. 지붕은 초록색이고, 문 양편에는 청동 기마상이 있다.

롤란트상^{Bremer Roland}　　　시청 앞 광장의 60cm짜리 단 위에 세워진 5.47m 높이의 롤란트 석상은 1404년에 만들어졌고, 고딕식으로 장식된 천개^{天蓋}로 덮여 있다. 롤란트상은 2004년에 세계문화유산에 등재되었다. 1512년에 만들어진 방패에는 다음과 같이 새겨 있다.

vryheit do ik ju openbar

d' karl vnd mēnich vorst vorwar

desser stede ghegheuen hat

des danket god' is mī radt

이것을 번역하면 다음과 같다.

Freiheit tu ich euch öffentlich kund

브레멘 롤란트상

브레멘 구시청사

die Karl und mancher Fürst fürwahr

dieser Stätte gegeben hat dafür danket Gott, das ist mein Rat!

나는 이 지역의 카를 대제와 많은 군주들이

이 지역에 참으로 부여한 자유를

그대들에게 알리노니, 이에 대해 신께 감사할지어다.

그것이 나의 충고이다!

롤란트는 『롤란트의 노래Rolandslied』에 나오는 장수로서, 카를 대제의 조카이다. 롤란트상이 들고 있는 검劍은 이 도시의 재판권을 상징하며, 황제 외에는 누구에게도 무릎을 꿇지 않는다는 의미가 담겨 있다. 즉, 그가 이 도시의 시장의 권능과 자유와 독립을 보장하는 왕권의 대표자임을 뜻한다.

슈노어 지구 Schnoor Quarter   슈노어 지구는 중세 시대의 어부마을로, 주정부의 문화유산 보호 명목 아래 슈노어 역사지구로 지정되어 있다. 대부분의 건물은 15~16세기에 지어진 것들이다. 마치 미로처럼 복잡하게 얽힌 좁은 골목에 작고 예쁜 집들이 늘어서 있다. 대부분 보석이나 작은 수공예품을 파는 상점이거나 카페 혹은 레스토랑이다. 슈노어 지구 중에서 가장 오래된 집이자 유명한 집은 1630년에 지어진 '해운업자의 집Schifferhaus'으로, 이 집은 1973년부터 기념물 보호 관리를 받고 있다.

브레멘 슈노어 지구

4. 니더작센Niedersachsen 주

니더작센 주는 독일에서 두 번째로 큰 주이다. 또한 남동부의 하르츠 산지로 이어지는 산업 지역으로, 대표적인 도시는 지하자원이 풍부한 하노버, 브라운슈바이크Braunschweig와 볼프스부르크Wolfsburg이다. 니더작센의 북부 지역에는 알러Aller 강 사이에 있는 습지이자 소택지였던 뤼네부르거 하이데Lüneburger Heide가 간척되어 낙농과 양봉이 성하다.

뤼네부르거 하이데
© Foto-Design Ernst Wrba/Deutsche Zentrale für Tourismus e.V.

하노버 신시청사
© Hannover Marketing und Tourismus GmbH

주도: 하노버Hannover

하노버는 전체 면적의 2/3가 농경지로, 독일에서 가장 비옥한 힐데스하임 Hildesheim의 대평원이 펼쳐진 곳이다. 하노버의 문장에는 빨간 바탕에 달리는 흰 말이 그려져 있다. 북해 연안에 있는 동부 프리슬란트Friesland 지역의 보르쿰Borkum 섬을 비롯한 7개의 섬 휴양지는 대양성 기후 때문에 관광지로 각광받고 있다.

신시청사Neues Rathaus 　　방겐하임 궁전Wangenheimpalais은 1863년부터 1913년까지 잠시 하노버 시청사 역할을 하였다. 신시청사는 1913년에 완공되어 하노버의 상징적 건물이 되었다. 하노버 신시청사는 마슈 공원 안에 있다. 건물의 높이는 97.73m에 이르며 꼭대기에는 전망대가 있다. 신시청사는 2차 세계대전 때 폭격을 당하였으나 재건되었다.

헤렌하우저 왕궁 정원
© Andreas Kaster/
Deutsche Zentrale für Tourismus e.V.

마슈 공원 Maschpark**과 마슈 호수**Maschsee　　도심 공원인 마슈 공원은 1900년에 완성된 하노버의 첫 번째 공원이다. 마슈 호수는 1936년에 조성된 인공 호수로 니더작센 주에서 가장 큰 호수이다.

헤렌하우저 정원 Herrenhauser Garten　　헤렌하우저 정원은 큰 정원Der große Garten, 산 정원 Berggarten, 게오르겐 정원Georgengarten으로 구성되어 있다. 큰 정원은 유럽에서 가장 유명한 바로크 양식의 정원으로 손꼽힌다. 산 정원과 게오르겐 정원은 영국식 정원이다.

괴팅겐Göttingen

괴팅겐은 오랜 전통을 지닌 대학도시이다. 수학자 가우스Karl Friedrich Gauss가 1807년부터 수학을 가르치기 시작하면서, 괴팅겐 대학은 수학과 물리학의 중심지로서의 명성을 되찾았다. 괴팅겐 대학에서는 노벨상 수상자를 44명 배출하였는데, 그중에서 40명이 물리학과 이공계 사상가이다.

가우스와 베버의 동상   시내에는 수학자 카를 프리드리히 가우스와 물리학자 베버Wilhelm Eduard Weber의 동상이 나란히 세워져 있다. 가우스는 앉아 있고, 베버는 서 있는 모습이다. 가우스와 베버는 괴팅겐 대학의 교수였다.

겐젤리젤Gänseliesel   괴팅겐의 구청사 앞에 있는 겐젤리젤은 거위를 들고 있는 소녀 동상으로 괴팅겐 시의 랜드마크이다. 리젤은 엘리자베트의 약자로, 그림 형제의 동화 『거위 치는 하녀Die Gänsemagd』에 나오는 공주이다. 겐젤리젤은 한 손에는 거위를, 다른 한 손에는 꽃바구니를 들고 있다. 괴팅겐 대학에서는 박사 학위를 받은 사람들이 소녀의 바구니에 꽃다발을 꽂고 뺨이나 입술에 키스를 한다.

라인 강변의 도시 몬하임Monheim am Rhein과 슈투트가르트에도 거위를 들고 있는 소녀 동상이 있다.

● 알펠트^{Alfeld}의 파구스 공장

　알펠트에 있는 파구스 공장^{Fagus-Werk}에서는 여전히 제화 생산의 모든 단계가 이루어지고 있다. 이 건물은 바우하우스의 창시자인 건축가 발터 그로피우스^{Walter Gropius}와 그의 동료 아돌프 마이어^{Adolf Meyer}에 의해 1911년 완성된 공장단지이다. 파구스 공장은 유리 패널을 획기적으로 많이 사용한 건물로, 바우하우스 양식의 도래를 보여 준다. 즉 장식적 요소를 배제하고, 기능주의적이고 산업적인 미적 감각을 추구한 산업 복합 건물로 간주되어 1946년부터 기념비적 건물로 등재되었고, 2011년에는 유네스코 세계문화유산으로 지정되었다.

● 람멜스베르크^{Rammelsberg} 광산, 고슬라르^{Goslar} 역사지구와 오버하르츠^{Oberharz} 물 관리 시스템

　람멜스베르크 광산은 세계에서 유일하게 1,000년 이상 가동된 탄광이다. 탄광 내부에 12세기의 갱도, 광부의 소화 기구 등이 남아 있다. 광산에는 풍부한 광석이 매장되어 고슬라르 지역의 발전에 매우 중요한 역할을 하였다. 고슬라르는 중세의 모습을 그대로 간직한 곳으로 로마네스크 양식의 건축물을 많이 보존하고 있다.

　람멜스베르크와 고슬라르 역사지구의 남쪽에 위치한 오버하르츠의 물 관리 시스템^{Wasserwirtschaft}은 800년이 넘는 시간 동안 비철금속 생산을 위한 광석 채굴 과정을 지원하였다. 이 시스템은 중세 시대에 시토회 수도사들에 의해 최초로 건설된 후, 16세기 말부터 19세기에 걸쳐 크게 발전하였다. 여기에는 매우 복잡하고도 완벽하게 조직된 인공 연못, 작은 수로, 터널, 지하 하수시설 등이 포함된다.

람멜스베르크, 고슬라르 역사지구
© Stiftung Rammelsberg, Weltkulturerbe

람멜스베르크 광산과 고슬라르 역사지구는 1992년 유네스코 세계문화유산에 등재되었고, 2010년에는 오버하르츠의 물 관리 시스템도 포함되었다.

5. 노르트라인베스트팔렌 Nordrhein-Westfalen 주

노르트라인베스트팔렌 주는 독일에서 가장 큰 연방주이다. 또한 유럽 최대의 산업지대인 루르Ruhr 지역이 있는 곳이며, 인구가 1760만 명으로 독일 연방주 중에서 가장 많다. 독일의 발전소가 이곳에 집중되어 있다.

주도: 뒤셀도르프Düsseldorf

뒤셀도르프의 인구는 약 57만 명이다. 뒤셀도르프는 국제적인 비즈니스의 중심지로, 수많은 일본회사가 자리 잡고 있다. 또한 금융의 중심지로 130여 개의 보험회사와 독일에서 가장 규모가 큰 주식시장 중 하나인 뒤셀도르프 주식시장Börse Düsseldorf이 있다. 광고와 패션 산업의 중심지이며, 무역박람회도 유명하다. 그리고 보다폰네Vodafone와 이-플러스E-Plus 등의 이동통신사가 있어 독일 모바일 시장의 선두 자리를 차지한다. 그 외 철강, 자동차, 제지, 화학 등의 공업이 발달하였다. 뒤셀도르프는 독일이 자랑하는 시인 하이네Heinrich Heine의 탄생지여서, 뒤셀도르프 대학은 하이네 대학으로 명명되었다.

쾨니히스 알레Königsallee   쾨니히스 알레는 뒤셀도르프 중심지에 있는 거리로, 간단히 쾨Kö라고 불리기도 한다. 개울물을 따라 밤나무를 심어서 밤나무 거리라고 불리기도 한다. 쾨니히스 알레에는 유럽의 명품 가게들이 즐비하다. 거리 중앙에는 슈타트그라벤Stadtgraben이라는 인공 하천이 흐른다. 쾨니히스 알레의 북쪽 끝부분에 1902년에 완성된 트리톤 분수Tritonenbrunnen가 있다. 바다의 신 트리톤은 삼지창을 든 모습이다.

하이네 생가 Heine Haus   독일이 자랑하는 시인 하이네의 생가는 수많은 음식점과 술집이 즐비한 구시가지에 있다. 1797년 하이네가 탄생한 이 집의 주소는 뒤셀도르프 구시가지의 볼커 거리Bolkerstraße 53으로, 현재는 서점이다. 일주

뒤셀도르프 슈타트그라벤

뒤셀도르프 광장

일에 한 번 내지는 두 번 하이네의 작품을 읽는 행사가 열린다.

광장의 시청사와 요한 빌헬름 2세 기마상　　　구시가지의 중심은 광장이다.
볼커 거리를 걷다 보면 광장이 보인다. 광장의 중심에 르네상스 양식의 시청사
건물이 있다. 시청사 앞에 요한 빌헬름 2세(1658~1716)의 기마상이 보인다. 요한
빌헬름을 저지 독일어로 발음하면 얀 벨렘Jan Wellem이라서, 백성들은 그를 얀 벨
렘이라 불렀다. 그가 통치하던 시기가 뒤셀도르프의 전성기였다.

● **벤라트 성**Schloss Benrath

　뒤셀도르프 근교의 작은 도시 벤라트에는 핑크빛으로 된 바로크 양식의 성이
있다. 이 성은 선제후 카를 테오도르Karl Theodor의 별궁이었으며, 현재 유네스코
세계문화유산으로 지정되어 있다. 라인 강에서 물을 끌어들인 프랑스식 정원
에는 유럽 정원예술 박물관, 자연과학 박물관 그리고 코르 드 로지 박물관Museum
Corps de Logis이 있다.

벤라트 성
© Andreas Kaster

쾰른Köln

쾰른은 기원전 37년에 로마군에 의해 건설된 도시로, 14세기에는 한자동맹의 일원으로서 상업의 중심지가 되기도 했다. 인구가 약 100만인 쾰른의 방언은 쾰시Kölsch이며, 쾰른의 대표적인 맥주 역시 쾰시라 한다. 그래서 '쾰시는 마실 수 있는 언어'라는 유머가 있다.

쾰른 대성당Kölner Dom

쾰른 대성당 성삼왕 유골함

쾰른 대성당은 쾰른 중앙역에 내리면 바로 그 옆에 위치해 있다. 쾰른 대성당은 1248년 공사를 시작하였는데, 16세기 중엽에 중단되었다. 그리고 260여 년 동안 방치되었다

쾰른 글로켄가세 4711

쾰른 대성당 크리스토포루스

쾰른 대성당
© Andrew Cowin/
Deutsche Zentrale für Tourismus e.V.

가, 19세기에 고딕 양식의 붐이 일면서 재공사에 들어가 1880년에 완성되었다. 높이 157.38m의 탑은 고딕 양식의 결정판이다. 쾰른 대성당은 좌우 대칭이 뚜렷하고, 정면에는 3개의 문이 있다. 높이가 46m에 이르는 천장은 늑재 궁륭으로 이루어져 있으며, 내부가 전체적으로 좁게 설치된 열주로 인하여 수직적 상승감이 극대화되었다.

성당 벽에 있는 스테인드글라스들은 대부분 14세기 초에 만들어진 것이다. 이 중 제일 유명한 것은 '바이에른 창'과 '리히터 창'이다. 바이에른 창은 바이에른 왕 루트비히 1세가 기증하여 붙여진 이름이고, 리히터 창은 현대 미술의 거장 리히터^{Gerhard Richter}가 제작한 것이다.

쾰른 대성당 안에 있는 '성삼왕 유골함'은 1225년에 니콜라우스 폰 페르둔 Nikolaus von Verdun이 완성한 것으로 아기 예수를 경배하러 왔던 세 명의 동방박사의 유골을 모신 것이다. 쾰른 대성당은 이 유골함으로 인해 유럽 최고의 순례지 중 하나가 되었다.

성당 안에는 여행자의 수호신 크리스토포루스Christophorus의 조각상이 보이는데, 그 이름은 '그리스도를 업은 자'란 뜻으로, 예수를 어깨에 메고 불어난 강을 건너게 해 주었다는 인물이다. 그는 막대기를 들고 있고 수염이 있는 모습으로 표현된다. 그 외에, 쾰른 대성당의 정면 오른쪽에 있는 509개의 계단을 올라가면 쾰른 시가 한눈에 보인다.

오드콜로뉴 Eau de Cologne 4711

오드콜로뉴(오데코롱이라는 프랑스어로 더 잘 알려짐)의 오드는 물이란 뜻이고, 콜로뉴는 쾰른의 프랑스식 발음으로, '쾰른의 물 Kölnisch Wasser'이란 뜻이다. 4711이란 숫자는 나폴레옹 점령 당시 모든 집에 번호를 붙이라는 명령에 따라 붙은 것으로, 향수 제조업체가 글로켄가세Glockengasse 4711에 위치하여 오드콜로뉴 4711로 알려지게 된 것이다. 독일어 명칭보다 오드콜로뉴란 이름이 더 잘 알려진 이유는, 귀족들이 프랑스어를 사용하는 것을 더 선호했기 때문이다. 나폴레옹과 모차르트가 이 향수를 좋아했던 것으로 유명하다. 글로켄가세 4711에 가면 나폴레옹이 4711이란 숫자를 가리키는 모습의 카펫이 상점을 장식한다.

본은 로마인들이 거주한 곳으로, 독일의 도시 중 오랜 역사를 지닌 곳이다. 1949년 서독의 임시 수도로 결정되어 1999년까지 행정부 소재지였다. 지금은 연방정부의 기관들이 통일 수도 베를린으로 옮겨갔다. 수도가 이전해 간 이후, 그에 대한 보상책으로 대통령과 연방총리, 그리고 연방상원의 제2 청사를 이곳에 두고 있다. 인구는 약 31만 명이다.

본의 베토벤 동상
© Bonn, Tourismus & Congress GmbH

유럽에서 가장 크고, 세계적으로는 3위에 해당되는 통신 서비스업체인 도이체 텔레콤Deutsche Telekom의 본사가 본에 있다. 도이체 텔레콤은 국영기업이었다가, 1996년에 민영화되었다. 독일의 우편 및 물류회사인 도이체 포스트Deutsche Post도 본에 있다.

본은 독일이 자랑하는 작곡가 베토벤Ludwig van Beethoven이 태어나고 자란 곳으로, 그의 악보와 유품들이 전시되어 있는 베토벤의 집Beethoven Haus이 본에 있다.

광장Marktplatz**과 구청사**Altes Rathaus 본 중심가에 위치한 광장에는 많은 역사적인 건물이 있다. 광장 중앙에는 광장분수Marktfontaine가 있고, 그 가운데 오벨리스크가 있다. 오벨리스크는 예전에는 쾰른 선제후의 왕관으로 장식되어 있었으나, 나폴레옹 점령 당시 프랑스 군인에 의해 훼손되었고 다시 복원되지 않았다. 최근에는 광장분수 자체를 오벨리스크라 부른다. 광장의 구청사는 로코코 양식으로 1780년에 완성된 것인데, 건물 구조는 3층과 다락방으로 구성되어 있다.

포스트 타워 Post Tower   포스트 타워는 독일의 우편 및 물류회사인 도이체 포스트의 본사 건물이다. 이 건물은 독일계 건축가인 헬무트 얀Helmut Jahn의 작품이다. 건물 높이는 162.5m에 달하여 독일에서 11번째로 높은 건물이다.

6. 헤센Hessen 주

주도: 비스바덴 Wiesbaden

헤센 주의 주도 비스바덴과 라인란트팔츠 주의 주도 마인츠가 라인 강을 사이에 두고 양편에 위치해 있다. 비스바덴은 국제적으로 휴양과 회의의 도시로 잘 알려진 곳이다.

비스바덴은 로마 시대부터 온천지로 알려진 곳이다. 빌헬름 거리에 있는 코흐브룬넨Kochbrunnen 광장에는 비스바덴의 상징과도 같은 원천源泉이 있으며, 그 외에도 600년의 역사를 자랑하는 여러 원천이 있다. 그중 유명한 곳은 66도의 염화나트륨 온천이 샘솟는 코흐브룬넨 슈프링거Kochbrunnenspringer이다. 다른 하나는 정자 형태의 코흐브룬넨 신전Kochbrunnentempel으로 이곳의 물은 마실 수가 있다.

쿠어하우스 내의 콘서트
© Horst Goebel/Deutsche Zentrale für Tourismus e.V.

비스바덴 쿠어하우스
© Horst Goebel/Deutsche Zentrale für Tourismus e.V.

신고전주의 양식의 쿠어하우스Kurhaus는 온천장과 카지노를 위한 장소로, 비스바덴의 대표적 건물이다.

프랑크루프트 암 마인Frankfurt am Main

프랑크푸르트는 헤센 주 최대의 도시이다. 독일의 행정수도는 베를린이지만, 경제수도는 프랑크푸르트라 할 정도로 독일 경제의 중심 역할을 한다. 이곳에는 유럽 중앙은행과 프랑크푸르트 증권 거래소도 위치하고, 독일 최대의 은행으로 총 직원 9만 8000명이 고용되어 있는 도이체 방크Deutsche Bank의 본사가 있어 유럽연합에서 가장 부유한 도시이다. 또 유럽 중앙에 위치한 지리적 조건으로 인하

프랑크푸르트 유럽 중앙은행
© Jochen Keute/Deutsche Zentrale für Tourismus e.V.

프랑크푸르트 괴테 하우스
© Tourismus-Congress GmbH Frankfurt am Main

여 프랑크푸르트 국제공항 등이 있어 교통의 중심지가 되고 있다.

사과주(아펠바인Apfelwein)의 명산지인 프랑크푸르트에는 독일의 국민주인 사과주를 마시며 시내의 명소를 관광하는 에벨바이 엑스프레스Ebbelwei-Express ('Apfelwein'을 프랑크푸르트 지역의 사투리로 'Ebbelwei' 혹은 'Ebbelwoi'라 한다)라는 빨간 색의 관광 전차가 있어 프랑크푸르트 시내의 명소를 일주한다.

프랑크푸르트에서 멀지 않은 획스트라는 도시에, 독일에서 가장 큰 산업단지 중 하나인 획스트 산업단지Industriepark Höchst가 있다. 이곳에는 900여 개의 회사가 입주해 있으며, 핵심 사업은 화학, 의학 그리고 바이오테크이다.

괴테 하우스 Goethehaus**와 괴테 박물관**Goethemuseum　　　프랑크푸르트는 괴테의 도시로도 유명하다. 그의 생가는 그로서 히르슈그라벤Grosser Hirschgraben 거리에 있다. 이곳은 괴테가 1749년에 태어나 대학에 입학할 때까지 살았던 고딕 양식의 4층 건물과 그의 유품을 전시한 박물관으로 나뉘어 있기 때문에 괴테 하우스와 괴테 박물관이라 한다. 괴테 문학의 위대함을 알고 있는 많은 관광객들이 이곳을 방문한다.

괴테의 어머니는 그녀의 남편이 사망한 후 경제적으로 어려움을 겪으면서 1795년 이 집을 팔았다. 여러 명의 개인 소유자를 거친 후, 1895년 정부에서 이 집을 사들여 괴테의 기념관을 세운 것이다.

1층에는 부엌, 노란색 방과 푸른색 방이 있다. 2층에는 북경식 벽지로 장식된 북경의 방이 있다. 이곳은 평소에는 사용하지 않고 특별한 기회에 이용했다고 한다. 그리고 음악의 방, 북쪽과 남쪽의 방이 있다. 3층에는 괴테 탄생의 방, 그의 어머니와 누이동생 코넬리아Cornelia의 방, 도서관과 그림의 방이 있다. 괴테 탄생의 방에는 괴테의 출생을 알렸던 당시의 신문들을 볼 수 있다. 그림의 방에는 괴테 아버지가 수집한 화가들의 작품들이 전시되어 있다. 4층에는 괴테가 인형극을 하던 방과 작품을 창작하던 시인의 방das Dichterzimmer이 있다. 이 방에서 괴테는 「괴츠 폰 베를리힝겐Götz von Berlichingen」(1773), 『젊은 베르테르의 슬픔Die Leiden des jungen Werther』(1774) 그리고 『초고 파우스트Urfaust』(1775)를 썼다.

뢰머 광장Römerberg　　　　　뢰머 광장은 프랑크푸르트 구시가지에 위치한 광장으로, 기원전 50년경 로마군이 주둔한 곳이라 뢰머 광장이라고 불리며, 고풍스러운 중세의 모습을 간직하고 있다. 이곳은 지금도 각종 국제 전시장이 열리는 대형 광장으로 프랑크푸르트의 랜드마크이다.

뢰머 광장에서 눈에 띄는 건물은 바로크 양식의 구시청사이다. 구시청사는 지붕이 계단식으로 되어 있고, 세 개의 동으로 연결되어 있다. 신성로마제국 황제 52명의 실물 크기의 초상화가 전시되어 있는 황제의 방은 1562년 신성로마

제국 황제가 대관식을 마치고 화려한 축하연을 베풀었던 유서 깊은 곳이다. 발코니에는 4명의 황제의 상이 있다. 구시청사 맞은편의 목조 건물들을 오스트차일레Ostzeile라 한다.

뢰머 광장에는 1611년에 완공된 정의의 여신 유스티아Justia상이 있다. 유스티아 여신은 오른손에는 검, 왼손에는 저울을 들고 있는 모습이다. 네 면에 정의Gerechtigkeit, 절제Mäßigung, 희망Hoffnung, 사랑Liebe을 뜻하는 조각이 새겨져 있다. 그리고 긴 창을 들고 있는 지혜와 전쟁의 여신인 아테나 여신상이 있다.

광장의 북동쪽에는 프랑크푸르트 대성당Kaiserdom St. Bartholomäus이 있다. 신성로마 제국 황제의 대관식이 있었기에 카이저 돔이라 한다. 1250년부터 1514년 사이에 서쪽 부분이 완성되고, 1877년에 완공되었다. 교황이 성 바르톨로메우스의 해골을 성물로 보내면서 성 바르톨로메우스에 헌정된 성당이다.

프랑크푸르트 박람회 탑과 해머링 맨
© Jochen Keute

박람회 탑 Messe Turm 박람회 탑은 유명 건축가 헬무트 얀이 1990년에 포스트모던 양식으로 완성한 64층의 고층 건물로 독일에서는 두 번째로 높은 건물이다. 외양은 연필 모양이다. 프랑크푸르트 박람회장 바로 옆에 있기 때문에 박람회 탑이라고 불리게 되었지만, 이름과는 달리 박람회장으로 사용되지는 않는다.

카셀Kassel

카셀은 공업지대인 루르로 통하는 교통의 요지로 베저 강의 지류 풀다Fulda 강이 흐른다. 이곳에는 중공업과 직물, 제조 등이 발달해 있다.

카셀은 헤센의 옛 수도로 메르헨가도의 중심에 위치해 있으며, 그림 형제가 독일의 구전 동화들을 모아서 책을 집필한 곳이다. 벨뷔 성Palais Bellevue은 1714년 카를Karl von Hessen-Kassel 백작이 세운 것으로, 현재 그 일부가 남아 있다. 그림 형제 박물관Brüder Grimm Museum이 벨뷔 성 안에 있다.

빌헬름스회에 산상공원 Bergpark Wilhelmshöhe　　2013년 유네스코 세계문화유산에 등재된 빌헬름스회에 산상공원은 유럽 최대의 산상공원이다. 팔각형 모양의 탑의 맨 꼭대기에는 1701~1717년에 걸쳐 완성된 헤라클레스상이 있고, 그 아래에는 물을 이용한 정원시설이 있다. 헤라클레스상에서 시작한 슈타인회퍼 폭포 Steinhöfer Wasserfall는 펙시르 동굴Vexiergrotte, 거인의 머리 연못 등을 거치고 넵튠의 연못에 이르기까지 총 320m를 흘러내린다. 넵튠의 연못에서 높이 50m가 넘는 분수 쇼가 벌어진다. 선제후 빌헬름 1세는 빌헬름스회에 산상공원에 떨어지는 폭포와 격랑으로 낭만주의를 표현하려 하였다. 낭만주의를 싫어했던 괴테는 그의 저서 『이탈리아 기행Italienische Reise』에서 고대 그리스의 건축 양식을 보여 주는 이탈리아 스폴레토Spoletto의 수도교와 이 건축물을 비교하면서 조롱한 바 있다.

산상공원 아랫부분에 빌헬름 1세가 지은 고전주의 양식의 빌헬름스회에 궁전Schloss Wilhelmshöhe이 있다. 현재는 박물관으로 사용된다. 빌헬름스회에 궁전 위

슈타인회퍼 폭포
© Museumslandschaft Hessen Kassel(MHK)

카셀 빌헬름스회에 산상공원
© Museumslandschaft Hessen Kassel(MHK)

카셀 빌헬름스회에 산상공원
© Museumslandschaft Hessen Kassel(MHK)

쪽에 위치한 사자의 성Löwenburg은 빌헬름 1세가 퇴임 후에 머물던 곳이기도 하면서, 이곳의 예배당 지하에 자신의 장지를 마련하려 했던 곳이다. 1793년과 1801년 사이에 완성된 곳이지만, 풍화되기 쉬운 부드러운 현무암으로 만들어져 중세 시대의 기사의 성을 연상시킨다.

프리데리치아눔 박물관 Museum Fridericianum　　　프리드리히 광장Friedrichsplatz에 위치한 프리데리치아눔 박물관은 1779년에 완성되었고, 이름은 설립자의 이름을 딴 것이다. 처음에는 백작의 소장품을 전시하기 위해 만들어진 유럽 최초의 박물관 중 하나였다. 이곳은 2차 세계대전 때 심하게 훼손되었지만 다시 복구된 후에는 전시회장이나 박물관으로 사용되고 있다. 비정기적인 전시회를 열 때만 개방되고 나머지 기간 중에는 문을 닫는다.

프리데리치아눔 박물관은 세계 최대의 미술 박람회이자 실험적 예술 행사로 평가받는 '도쿠멘타Dokumenta'의 메인 장소로도 유명하다. '도쿠멘타'는 세계의 미술 애호가들이 관심을 가지고 방문하는 것으로 정평이 나 있으며 5년에 한 번 개최된다. 개최 기간은 약 100일 동안으로, 프리데리치아눔을 비롯해 풀다 강변의 카를스-아우에Karls-Aue 공원 일대와 글로리아 극장Gloria Kino 에서 열린다.

● 뤼데스하임Rüdesheim의 게르마니아 여신 기념비

타우누스Taunus 산맥 기슭에 위치한 독일 최대의 와인 생산지 뤼데스하임에는 중세의 특징인 목조주택과 옛 숙박업소, 좁은 거리가 잘 보존되어 있다. 니더발트 고원 정상에는 1871년에 이루어진 독일의 통일을 기념하기 위하여 1883년에 세운 게르마니아 여신 기념비Niederwalddenkmal가 있다.

게르마니아 여신은 오른손에는 월계수로 감싼 왕관을 들고 있고, 왼손에는 월계수가 감겨 있는 검을 잡고 있다. 여신의 머리는 떡갈나무 잎으로 장식되어 있다. 여신 밑에는 전쟁과 평화의 알레고리가 여신을 호위하고 있다.

● 메셀 피트의 화석 유적Grube Messel

1876년 다름슈타트-디에부르크Darmstadt-Dieburg의 메셀 탄광에서 편암을 채굴하

메셀 피트의 화석 유적
© welterbe Grube Messel GmbH

다가 악어의 골격을 발견하였다. 그 후 헤센 주가 이곳을 사들였고, 젠켄베르크 자연과학협회Senckenbergischen Naturforschenden Gesellschaft가 탄광을 관리하기 시작하였다. 그 후 체계적인 작업을 통하여 육식 어류, 조류, 포유동물, 그리고 멸종한 초식 동물들의 화석 유적을 대량 발견하였다. 그리고 1995년에 유네스코 세계문화유산에 등재되었다. 이곳의 유적은 3700만~5300만 년 전인 신생대 제3기의 생활 환경을 이해하는 데 가장 중요한 화석 유적이다.

7. 라인란트팔츠Rheinland-Pfalz 주

라인란트팔츠 주는 프랑스, 룩셈부르크, 벨기에와 국경을 접하고 있다. 유럽의 중심에 있는 지리적인 여건상 철도망이 잘 연결되어 있고, 모젤Mosel 강에서 만들어진 대규모의 수로들은 라인, 마인, 네카어, 루르 지역을 경제 중심지로 만

들고 있다. 라인란트팔츠 주는 라인 및 모젤 강변을 따라 길게 형성된 포도밭 덕분에 독일 포도 생산량의 2/3를 차지한다. 라인란트팔츠 주의 남동부에 위치한 루트비히스하펜Ludwigshafen에는 150년의 역사를 가진 글로벌 화학회사 바스프BASF의 본사가 자리 잡고 있다.

주도: 마인츠Mainz

로마 시대부터 건설되어 게르만인을 막기 위한 성채도시Castrum Mogontiacum라고 불렸던 마인츠는 인구가 20만 명이 채 안 되는 소도시이다.

마인츠 대성당 서탑
© wikimedia

마인츠 대성당 Mainzer Dom 마인츠 대성당은 쾰른, 트리어 대성당과 함께 독일의 3대 성당 중 하나로 마인츠 교구의 주교좌 성당이다. 신성로마제국의 두 번째 황제인 오토 2세에 의해 1037년 완성되었다. 검은 지붕이 있는 동탑은 원래는 고딕 양식이었으나 네오 로마네스크 양식으로 개축되었고, 서탑은 1767년 벼락으로 불탄 후 바로크 양식으로 개축되었다. 서쪽 부분은 내진이 세 방향으로 돌출해, 독일 로마네스크의 특징인 '삼엽형 내진'

형식으로 되어 있다. 삼엽형 내진이란 교회의 교차부에서 세 면으로 튀어나오는 큰 반달형의 아프시스가 있는 형태를 가리킨다. 서탑의 맨 꼭대기는 2013년 5월 새로 도금한 수탉으로 장식되었는데, 수탉의 배에는 타임캡슐이 담겨 있다. 마인츠 대성당 앞에는 독일 최초로 대주교좌를 설치하도록 했고, 718년 독일에 기독교를 전파한 영국인이자 후에 대주교가 된 보니파키우스Bonifacius의 조각상이 있다.

대성당 앞에는 대성당 건축 1,000주년을 기념하여 미텐베르크Mittenberg 시에서 헌정하여 세운 붉은 사암으로 된 원통형의 호이넨 기둥Heunensäule이 있다. 기둥 아래에는 로마의 시조가 늑대 젖을 먹고 자랐다고 하여 늑대 모양이 들어간 투구, 황제의 왕관, 주교의 모자와 파스트나흐트Fastnacht(카니발) 때에 쓰는 모자가 장식되어 있다.

대성당 광장에서는 르네상스식의 광장우물Marktbrunnen이 눈에 띈다. 이 우물은 1526년 마인츠의 대주교 알브레히트Albrecht von Brandenburg에 의해 설립된 것이다. 1524~1526년 사이에 발생된 독일 농민전쟁Der deutsche Bauernkrieg이 귀족의 승리로 끝나자 알브레히트 대주교가 그것을 기념하기 위해 이 우물을 세웠던 것이다. 삼각형의 들보 위에 천개가 있고 그 위에 여러 가지 장식을 해 놓았다. 후에 예수를 손에 안고 있는 마리아상으로 장식되었다. 이 우물은 도심에서 깨끗한 물을 먹을 수 있는 중요한 우물 중의 하나로, 처음에는 두레박우물이었으나 1767년 펌프식 우물로 바뀌었다.

파스트나흐트 분수 Fastnachtbrunnen　　실러 광장Schillerplatz에는 특이한 모양의 파스트나흐트 분수가 있다. 이 분수는 1963~1967년에 걸쳐 만들어진 높이 9m의 분수로, 카니발을 상징하는 광대들이 곳곳에 장식되어 있다.

쇼트 뮤직 Schott Music　　　　　베른하르트 쇼트Bernhard Schott가 1770년에 설립한 가장 오래되고 세계 최대 규모를 지닌 악보 출판사이다. 쇼트 뮤직은 바그너의 음악 전체, 베토벤의 9번 교향곡과 모차르트의 작품들을 편집하였다.

슈파이어Speyer

슈파이어는 고대 로마 시절부터 있었던 독일의 대표적 역사도시로, 라인 강변에 면한 항구도시이다. 10세기부터 슈파이어 대성당이 건축되기 시작되었다. 인구는 약 50만 명에 달한다.

슈파이어 대성당 Dom zu Speyer　　　　　1981년에 유네스코 세계문화유산에 등재된 슈파이어 가톨릭 대성당은 대표적인 로마네스크 건축물로, 유럽 성당의 모델이 된 성당이다. 이 성당은 3랑식 구조에 두 개의 돔과 네 개의 종탑을 가지고 있다. 이곳에는 8명의 독일 황제가 매장되어 있어, 슈파이어 카이저 돔Kaiserdom zu Speyer 이라 불리기도 한다.

옛 성문 Altpörtel　　　　　옛 성문은 슈파이어의 서쪽에 있다. 높이가 55m로 독일 도시의 성문 중 가장 높다. 1176년 문서에서 이 문이 처음 언급되었다.

슈파이어 대성당
© Tourist Information Speyer

슈파이어 옛 성문
© Tourist Information Speyer

8. 자를란트^{Saarland} 주

자를란트 주는 브레멘 등의 도시주를 제외하고 독일에서 가장 작은 연방주이다. 자르브뤼켄은 2차 세계대전 이후 프랑스의 보호령이었다가 1957년에 와서 독일 영토로 편입되었기 때문에, 독일과 프랑스의 문화가 혼재되어 있는 곳이다. 이웃하는 나라인 프랑스의 로레인 지역, 룩셈부르크, 그리고 벨기에의 왈론 지역을 포함하여 자르-로-룩스^{Saar-Lor-Lux}라 불리는 유럽의 중심 지역이 형성되어, 문화와 경제 협력이 이루어지고 있다.

주도: 자르브뤼켄Saarbrücken

자르브뤼켄은 모젤 강의 지류인 자르 강에 면한 도시로 인구는 약 18만 명이다. 오랫동안 프랑스와 독일 사이에 귀속문제로 다툼이 계속되었던 곳이다. 1957년 독일에 속하면서 자를란트의 주도가 되었지만, 아직도 자르브뤼켄 곳곳에서 프랑스의 영향을 많이 찾을 수 있다.

자르브뤼켄 궁전 Schloss Saarbrücken　　자르브뤼켄 궁전은 자르 강변의 옛 자르브뤼켄 지역에 있다. 이 궁전에 대한 최초의 기록은 999년에 있었는데, 이때는 'Castell Sarabruca'라고 명명된다. 17세기에 그려진 하인리히 회어스Heinrich Höers의 스케치가 자르브뤼켄 궁전에 대한 가장 확실한 근거를 제시한다. 자르브뤼켄 궁전은 1677년 5월 16일 황제의 군대에 의해 파괴되었다. 그리고 1696년 건축가 요제프 모테Josef Motte가 재건했다. 프랑스 혁명의 혼란기에 성의 일부는 화재로 손실되었다가 1810년에 재건되었다. 현대에 와서는 뵘Gottfried Böhm의 설계에 따라, 중앙은 강철과 유리로 중세의 성을 연상토록 만들어지고 양옆은 르네상스 양식의 궁전으로 리노베이션되었다. 현재 궁전은 행정센터로 활용되고 있다.

독일-프랑스 정원 Deutsch-Französischer Garten　　50ha 면적의 이 정원은 독일과 프랑스의 접경 지역인 골데네 브렘Goldene Bremm에 위치하고 있다. 자르브뤼켄 중심에서 이곳까지는 차로 10분 정도면 갈 수 있다.

이곳은 1870~1871년에 있었던 독일과 프랑스의 전쟁 후에 독일이 지배했지

자르브뤼켄 궁전
© Hans Peter Merten/
Deutsche Zentrale für Tourismus e.V.

만, 2차 세계대전 후에는 프랑스 군대가 점령했다. 1955년 국민투표에 의해 이 지역은 독일에 귀속되었으나, 여전히 두 나라의 갈등이 지속되었다. 그 후 두 나라는 이 긴장감을 해소하기 위해 공동의 정원을 만들기로 했는데, 이것이 바로 독일-프랑스 정원이다.

이곳은 18세기 영국의 정원에서 그 근간을 찾을 수 있는 '장식된 농장Ferme Ornée' 형태를 취하고 있다. '꽃의 계곡'은 프랑스 정원 건축사에 의해 조성되었고, '장미의 정원'에는 독일에서 1만 2700송이의 장미를 가져와서 심었다. 정원의 위쪽 부분에는 1870~1871년의 독일과 프랑스 전쟁에서 희생된 전사자들을 위한 묘지가 조성되어 있다.

● 메틀라흐Mettlach의 자르슐라이페

자르슐라이페Saarschleife는 자를란트를 상징하는 자연 중의 하나로 모젤 강의 지

메틀라흐의 자르슐라이페
© Hans Peter Merten/
Deutsche Zentrale für Tourismus e.V.

류인 자르 강에 있으며 메틀라흐라는 도시에 위치한다. 클로에프Cloef 전망대에서 자르슐라이페의 형상을 잘 볼 수 있다.

9. 바덴뷔르템베르크Baden-Württemberg 주

바덴뷔르템베르크는 남쪽으로는 스위스, 서쪽으로는 프랑스와 국경을 접하고 있다. 메르세데스벤츠Mercedes-Benz 기업인 다임러크라이슬러Daimler-Kreisler가 있고, 스포츠카의 대명사인 포르쉐Forsche와 세계 최대의 자동차 부품업체인 보쉬Bosch가 여기에 있어, 독일 산업의 중심지이자 유럽에서 가장 경제력이 우수한 지역으로 손꼽힌다. 보덴 호Bodensee와 그 안에 위치한 마이나우Mainau 섬의 아름다운 자연으로 유명하다.

마이나우 섬
© Mainau GmbH

주도: 슈투트가르트Stuttgart

슈투트가르트는 메르세데스벤츠, 포르쉐와 보쉬의 본사가 있어 독일 내에서 경제적으로 가장 부유한 도시 중의 하나로 꼽힌다. 인구는 약 59만 명이다. 슈투트가르트 중앙역 꼭대기에는 벤츠 마크가 눈에 띈다.

슈투트가르트 근교에 실러가 태어난 마르바흐Marbach라는 도시가 있다. 이곳에는 실러가 태어난 생가도 있으며, 실러 국립박물관Schiller Nationalmuseum이란 독일문학 자료실이 있어 많은 독일문학 연구가들이 방문하고 있다.

회엔파크 킬레스베르크Höhenpark Killesberg   회엔파크 킬레스베르크는 슈투트가르트 북쪽에 위치해 있는 50ha에 달하는 공원으로, 1993년 정원박람회의 전람회장으로 이용되었다. 어린이 놀이터, 야외 수영장, 동물 공원, 킬레스베르크 탑

솔리튜드 성
© Stuttgart Marketing GmbH

슈투트가르트 궁전 광장

Killesbergturm이 설치되어 있다. 킬레스베르크 탑은 2001년에 설치되었고 높이가 43m에 이르는 철제 전망대로, 슈투트가르트의 상징이 되었다.

솔리튜드 성 Schloss Solitude   솔리튜드 성의 외관은 로코코 양식이다. 카를 오이겐Karl Eugen 공작의 지시로 1769년에 완성되었고, 영주의 별궁으로 사용되었다. 1770년부터 1775년까지 오이겐 공이 설립한 사관학교의 교사로 사용되었다. 현재는 일반인들에게 개방되어, 성의 별관은 '솔리튜드 성 아카데미'로 사용되고 있으며, 별관의 일부는 학생들을 위한 기숙사로 사용 중이다.

무덤 예배당 Grabkapelle   무덤 예배당은 슈투트가르트의 로텐베르크 Rotenberg에 있다. 무덤 예배당의 보다 정확한 위치는 네카어 계곡 위의 슈누어 숲 Schnurwald 서쪽 편이다. 뷔르템베르크의 빌헬름 1세는 자신의 두 번째 아내 파브로브나Katharina Pawlowna를 위해 이 예배당을 만들었다. 그리고 이곳에는 그들의 딸

마리 프리데리케 샤를로테Marie Friederike Charlotte의 유해도 안치되어 있다. 1825년에서 1899년까지 러시아 정교의 교회로 사용되어, 지금도 매년 한 번씩 러시아 정교의 미사가 거행된다. 현재는 일반인들에게 공개된다.

궁전 광장 Schlossplatz　　　벤츠 마크가 붙어 있는 슈투트가르트 중앙역에서 직선으로 뻗어 있는 쾨니히 거리Königstrasse는 슈투트가르트의 중심가이다. 이 거리를 따라가다 보면 거리의 중심부에 궁전 광장이 보이고, 궁전 광장 옆에 바로크 양식의 신궁전이 있다. 신궁전은 1746~1807년에 뷔르템베르크의 칼 오이겐 공작의 명으로 지어진 것으로, 현재 주정부 건물로 사용되고 있다. 신궁전 옆에 원탑이 있는 석조 건물인 구궁전이 있는데, 이 궁전은 현재 주립박물관Württembergisches Landesmuseum으로 사용되고 있다. 그리고 궁전 광장의 한가운데에는 빌헬름 1세의 60세 생일과 재위 25주년을 축하하는 기념탑Jubiläumssäule이 있다. 기념탑 꼭대기에는 5m 높이의 로마의 여신 콩코르디아상이 있고, 주춧돌에는 4명의 알레고리적 인물이 있다.

하이델베르크Heidelberg

하이델베르크는 네카어 강변의 대학도시이자 관광도시이다. 독일에서 가장 오랜 역사를 지닌 하이델베르크 대학은 팔츠 선제후 루프레히트 1세가 1386년에 설립하여, 정식 명칭은 루프레히트 카를스 하이델베르크 대학교Ruprecht-Karls-Universität Heidelberg이다. 하이델베르크 대학은 신학부, 철학부 그리고 법학부로 시

하이델베르크 도시 전경
© Hans Peter Merten

작하였고, 나중에 의학부와 자연과학부가 추가되었다. 현재는 12개의 학부로 구성되어 있다. 하이델베르크 대학에서 공부했던 유명한 인물은 막스 베버Max Weber와 프랑크푸르트 학파의 거장인 에리히 프롬Erich Fromm이다.

하이델베르크가 관광도시로 특히 우리나라에서 명성을 얻게 된 것은, 1950년대에 우리나라에서 상영된 〈황태자의 첫사랑〉이란 영화 때문이다. 영화에서 황태자로 등장한 마리오 란자Mario Lanza는 신입생과 선배들 앞에서 단숨에 맥주를 들이키던 대학의 전통적인 신고식을 치르며 「축배의 노래Drinking Song: Drink, Drink, Drink!」를 부른다. 이 노래를 들으며, 사람들은 대학의 낭만을 상상하게 된 것이다. 그 후 한국의 관광객들은 하이델베르크를 방문하여, 〈황태자의 첫사랑〉의 배경이 되는 장소 그리고 특히 작품 속 주인공들이 자주 방문하였던 술집을 방문한다. 〈황태자의 첫사랑〉의 원작인 희곡 「옛 하이델베르크Alt-Heidelberg」는 대학도시 하이델베르크를 배경으로 하는 사랑 이야기이다. 독일의 작가 빌헬름 마이어 퍼르스터Wilhelm Meyer-Förster는 자신의 소설 『카를 하인리히Karl Heinrich』(1898)를 각색하여 베를린 극장에서 1901년 11월 22일 초연하였다. 에른스트 루비치Ernst Lubitsch 가 퍼르스터의 작품을 각색하여 1927년 영화로 만든 것이다.

하이델베르크 성 Schloss Heidelberg   1225년에 완공된 하이델베르크 성은 하이델베르크의 랜드마크이다. 하이델베르크 성은 30년 전쟁과 팔츠계승전쟁(1689~1697) 때 파괴되었으나 2차 세계대전 후 복구되었다.

하이델베르크의 성에는 여러 가지 볼거리가 많다. 특히 성 안에는 세계에서 가장 크다는 술통이 있다. 술통의 이름은 카를 루트비히Karl Ludwig이다. 성 중앙광장 서쪽 건물에 가로로 눕혀져 있는 술통의 높이는 7m, 길이는 8m로 무려 22만l를 저장할 수 있다. 술통 옆에는 40여 개의 나무 계단이 있어, 이것을 통해 술통 위로 올라갈 수 있다. 술통 맞은 편에는 하루에 18l씩을 15년 동안이나 술을 마신 애주가 페르케오Perkeo의 목상이 있다. 그는 하이델베르크 술통의 보호자로 여겨진다.

하이델베르크 성에서 가장 오래된 건물은 고딕식의 루프레히트 궁Ruprechtsbau이다. 궁은 루프레히트 1세가 건축하도록 한 것이다. 입구에는 다섯 송이의 장미로 만든 화환을 들고 있는 두 명의 천사가 눈에 띈다. 일설에 의하면 건축가에게 두 아들이 있었는데, 아버지가 일을 할 때 항상 함께 와서 아버지를 도와주었다고 한다. 그런데 불행히도 아이들이 건설 현장에서 사망을 하게 되어, 건축가

하이델베르크 학생 감옥 내 그림
© Andrew Cowin

하이델베르크 성 그리고 구교
© Andrew Cowin

인 아버지는 매일 장미 화환을 가져다 놓았다고 한다. 슬픔에 젖은 건축가는 일을 하지 못했는데, 어느 날 꿈에 아이들이 장미 화환을 가지고 와 아버지를 위로하였다고 한다. 그 꿈을 꾼 후 건축가는 다시 일을 시작하였고 아이들의 모습을 조각으로 남겨 놓았다고 한다.

하이델베르크 성에는 많은 입상 조각품으로 장식된 프리드리히 궁과 미완성으로 남아 있는 오트하인리히 궁이 있다. 성의 서쪽에 바로크 양식의 엘리자베스 문이 있다. 이 문은 프리드리히 5세가 자신의 아내 엘리자베스 스튜어트의 열아홉 번째 생일을 맞아 세운 것이다.

학생감옥Studentenkarzer   1914년까지 독일의 대학은 치외법권 지역이었다. 학생들이 난동을 피우더라도 경찰이 처벌할 수 없게 되자, 주민들의 불만이 쌓여만 갔다. 이에 하이델베르크 당국은 술주정을 부리거나 싸움을 하는 등의 학칙을 위반한 학생들을 학교 당국에서 처벌할 수 있도록 1778년에 학생감옥을 만들었다. 당시에 투옥된 학생들에게는 물과 빵이 배급되었으며, 낮에는 수업에 참여하게 하였다고 한다. 외부에서 먹을 것을 사 들고 오는 일도 허락되었고 친구들의 방문도 허용되었다. 학생감옥은 1914년에 폐쇄되었다. 현재는 유명한 관광지 중의 하나로, 일반인들에게 개방된다.

철학자의 길 Philosophenweg   철학자의 길은 하이델베르크의 노이엔하임 Neuenheim에서 하일리겐베르크Heiligenberg에 이르는 약 2km에 해당되는 길로, 하이델베르크 성과 마주하고 있다. '철학자의 길'이란 이름은 하이델베르크 학생들이 방해받지 않고 낭만적인 산책을 할 수 있는 이상적인 길이라는 뜻에서 붙여진 것이다. 이곳에 오르면 하이델베르크의 아름다운 전망을 즐길 수 있다.

하이델베르크 대학에서 활동했던 헤겔, 야스퍼스와 하이데거 등 유명한 독일 철학자들이 이곳을 산책한 것으로 유명하다.

하이델베르크 구교 Alte Brücke   카를 테오도르Karl Theodor 다리는 보통 구교Alte Brücke라고 부른다. 이 다리는 18세기에 나무로 만들어졌는데, 한차례 홍수가 있은 뒤 1786~1788년에 선제후 테오도르가 다리를 돌로 다시 만들게 하였다. 이곳에는 카를 테오도르 동상, 미네르바상(아테네상), 그리고 조각가 게르노트 룸프 Gernot Rumpf에 의해 1979년에 만들어진 청동 원숭이상이 있다. 성인聖人 요하네스 폰 네포묵Johannes von Nepomuk상은 원래는 다리에 있었으나, 1784년 홍수에 잠긴 후 원래의 것은 박물관에 전시해 두고, 현재 다리 북쪽에 있는 네포묵상은 복제품이다. 네포묵은 고행자들의 수호성인이다.

바덴바덴Baden-Baden

바덴바덴은 슈바르츠발트 북서쪽 기슭에 있는 온천 휴양지 및 국제회의도시로, 로마 시대부터 온천지로 널리 알려졌다. 그 외에도 이곳에는 중세 유적지, 국립 병원과 휴양센터가 있다. 인구는 약 5만 명이다. 빌헬름 1세 황제가 정기적으로 바덴바덴을 찾았다고 한다.

바덴바덴 카라칼라 욕장
© Baden-Baden Kur & Tourismus GmbH

또 러시아의 작가 도스토옙스키와 투르게네프, 바그너와 브람스 그리고 미국의 마크 트웨인 등이 이곳을 찾은 것으로도 유명하다. 바덴바덴은 2010년 다른 요양지와 더불어 유네스코 세계문화유산에 등재되었다.

바덴바덴의 욕장 중 대표적인 곳은 프리드리히 욕장Friedrichsbad, 카라칼라 욕장Carcalla Therme, 쿠어하우스가 있다. 프리드리히 욕장은 르네상스식의 건물로 1877년에 완성된 로마식의 호화로운 온천장이다. 카라칼라 욕장은 1985년에 개장한 온천으로, 온천을 좋아했던 로마 시대의 카라칼라 황제의 이름을 딴 것이다. 쿠어하우스는 카지노나 콘서트홀, 레스토랑 등이 갖추어져 있는 바덴바덴의 사교 중심지이다. 특히 이 쿠어하우스는 독일에서 가장 오랜 역사를 자랑한다.

10. 바이에른 자유주Freistaat Bayern

　바이에른은 역사적으로 공화주의 국가였기에 다른 주와는 달리 바이에른 자유주라고 불린다. 독일에서 자유주로 불리는 곳은 바이에른 주 외에 작센과 튀링겐 주가 있다. 자유주라는 뜻은 다른 주와 권리의 차이나 법적인 근거는 없으나, 역사적으로 다른 주와 다른 배경이 있기에 문화와 전통에 특별한 자부심이 있는 지역이라는 의미로 해석될 수 있다.

주도: 뮌헨München

　뮌헨은 독일의 16개의 연방주 중 가장 넓은 바이에른 주의 주도로, 약 130만 명의 인구를 지닌 남부 독일문화의 중심지이다. 뮌헨에는 프랑크푸르트 공항 다음으로 독일에서 두 번째로 큰 프란츠 요제프 슈트라우스 국제공항이 있어, 중부 유럽의 관문 역할을 한다. 뮌헨의 문장에는 금색 십자가가 그려진 수도복과 빨간 신발 차림으로, 왼손에는 빨간색의 성서를 들고 있는 수도승이 그려져 있다. 뮌헨은 독일의 대표적인 전자·전기 기업인 지멘스Siemens 본사의 소재지이고 자동차, 항공 및 전자 공학산업 등 역동적인 경제 활동이 이루어지는 곳이다.

　뮌헨 올림픽 스타디움 Olympiastadion　　뮌헨의 올림픽 스타디움은 1972년 뮌헨에서 열린 제20회 올림픽을 대비하여 만들어진 스포츠 경기장이다. 올림픽 스타디움은 총 85만m² 면적의 올림픽 공원 내에 위치해 있다. 올림픽 공원 한가운데에는 높이 290m의 TV 송신탑인 올림픽 타워가 있다.

올림픽 스타디움은 독일의 건축가 베니쉬Günther Behnisch가 설계한 것이다. 예술사가 체어포젠Tobias Zervosen은 올림픽 스타디움을 가볍고 투명하며 밝은 구조로 건축하여 독일을 개방된 나라로 보이도록 했다고 평가하고 있다.

이 건물은 투명한 특수 아크릴 수지인 플렉시 글라스Flexi Glass를 이용해 만든 대규모의 텐트형 구조로 디자인되었다. 이 건물은 하이테크 디자인의 대표작이라 평해진다.

마리엔 광장Marienplatz

뮌헨 시의 가장 중심부에 위치한 마리엔 광장에는 성모 교회라는 뜻의 프라우엔 교회Frauenkirche와 고딕식의 신시청 건물이 있다. 프라우엔 교회는 뮌헨에서 가장 큰 교회 건물이다. 뮌헨의 상징인 프라우엔 교회는 1488년에 완성되었고, 꼭대기는 붉은 색의 두 개의 둥근 첨탑 모양을 하고 있다. 남쪽 탑에서 엘리베이터를 타고 올라가면 도시 전경을 구경할 수 있다. 쌍둥이 탑의 높이는 109m라고 한다.

100여 년의 역사를 지닌 신시청 건물 꼭대기에는 뮌헨의 상징인 킨들Kindl이 세워져 있다. 네오 고딕 양식으로 지어진 신시청 건물은 특수 장치 시계로 유명하다. 매일 11시가 가까워지

뮌헨 프라우엔 교회와 신시청사
© Andrew Cowin/
Deutsche Zentrale für Tourismus e.V.

면 신시청 건물 앞에는 사람들이 모이기 시작하고, 정각 11시에 85m에 이르는 시청 탑에서 종 공연Glockenspiel이 시작된다. 음악이 시작되면, 1568년에 결혼식을 올린 빌헬름Wilhelm 5세와 레나테Lenate 공주가 단상에 나타나고, 그 앞에서 마상시합이 벌어진다. 말을 탄 기사들이 창을 들고 교차한다. 그다음에는 하단에서 민속 복장을 한 인형들이 민속 무용을 춘다. 페스트가 뮌헨을 휩쓸었을 때, 춤을 추며 삶의 용기를 굳게 하려 했던 것을 기억하게 하는 의미라고 한다. 최상단의 황금 닭이 "키케르키Kikerki"라고 울면서 시간을 알려 주면 공연은 끝이 난다. 성 목요일과 성인의 날을 제외하고 매일 공연된다.

님펜부르크 성 Schloss Nymphenburg　　　님펜부르크란 성의 이름은 입구 천장화에 그려져 있는 요정에서 따온 것으로 '요정들의 성'이란 뜻이다. 이 성은 옛 바이에른 왕국의 통치자였던 비텔스바흐Wittelsbach 가문의 여름 별궁으로, 바로크 양식으로 지어졌으나 계속 확장하면서 다양한 양식이 도입되었다.

이 성에서 남쪽에서 유명한 건물은 루트비히 1세의 미인화 갤러리Schönheitsgalerie 이다. 왕의 주문으로 궁정화가 요제프 슈틸러Joseph Stieler가 뮌헨에서 36명의 여성의 초상화를 그린 것을 전시하고 있다. 그중 유명한 것은 구두 수선공의 딸인 제들마이어Helene Sedlmayr와 왕의 애인이었던 무용수 몬테즈Lora Montez의 초상화이다.

성에는 광대한 이탈리아식 정원과 바로크식 정원이 조성되어 있다.

호프브로이 하우스 Hofbräuhaus　　　호프브로이 하우스는 '궁정맥주양조장'이란 의미를 지닌 곳으로, 이곳은 원래 바이에른 왕국의 지정 양조장이었다. 현재는 세계적으로 가장 유명한 술집으로 최대 3,000명이 동시에 이용할 수 있다. 1920년 아돌프 히틀러와 국가사회주의 단체는 호프브로이 하우스 3층에 있는 대연회장에서 첫 모임을 가졌다. 히틀러는 1921년 11월에도 나치 전신인 독일 노동당 대회를 이곳에서 개최하였던 것으로 알려져 있다.

영국 정원 Englischer Garten   영국 정원은 1790년에 선제후 카를 테오도르가 이자르Isar 강의 북쪽 늪지대를 시민을 위한 공원으로 조성한 것이다. 영국 정원의 면적은 110만m²로 세계 최대 규모이다. 조경 전문가 스켈Friedrich Ludwig von Sckell 이 영국식으로 정원을 조성한 것이라, 이러한 명칭을 얻게 되었다.

영국 정원 안에는 중국탑Chinesischer Turm, 그 앞에 비어가르텐Biergarten, 그리고 일본 다실Teehaus 등이 조성되어 있다. 공원 중앙에는 드넓은 잔디광장이 펼쳐져 있고 100개의 다리와 78km의 산책로, 12km의 승마길이 조성되어 있으며 호수도 있다. 산책로에는 자전거나 말의 출입이 금지되어 있기 때문에, 사람들이 휴식을 취하기에 적합하여 뮌헨의 시민들뿐만이 아니라 관광객들이 즐겨 찾는 곳이다. 여름철에 날씨가 좋은 날이면 일광욕을 즐기는 사람들이 많은데, 상의를 탈의하거나 누드로 일광욕을 즐기는 사람들이 많아 관광객들의 눈길을 끌기도 한다.

베엠베 본사BMW Hochhaus   베엠베 본사 건물은 뮌헨 올림픽 스타디움 근처에 위치한다. 1972년에 완성되었고, 건물의 모양은 자동차의 4기통 엔진을 형상화한 것으로 높이는 100m이다. 베엠베 박물관은 샐러드 접시 모양의 건물로, 100여 대가 넘는 베엠베 자동차를 연대기순으로 전시하고 있다. 베엠베 벨트는

뮌헨 BMW 벨트
© Jochen Knoblauch/Deutsche Zentrale für Tourismus e.V.

뮌헨 BMW 본사
© Andrew Cowin

베엠베 자동차의 출고센터이다.

슈바빙Schwabing　　　　　　　　레오포르트 거리Leopord Strasse 일대에 위치한 슈바빙은 뉴욕의 소호, 파리의 몽마르트와 마찬가지로 뮌헨 북쪽 지역의 이름이며 예술촌이다. 예술가와 젊은이들이 모이는 곳으로 유명하며, 릴케, 칸딘스키, 토마스 만, 클레 등의 예술가들이 젊었을 때 이곳에서 활동했던 것으로도 잘 알려져 있다.

뉘른베르크Nürnberg

오랫동안 제국도시였던 뉘른베르크는 중세의 모습을 잘 간직하고 있는 인구 50만 명의 도시이다. 뉘른베르크는 근대 공업의 중심도시로, 만국박람회가 열리는 도시로 알려져 있다. 또한 뉘른베르크는 나치의 거점도시로서 전범재판이 열린 것으로 유명하다. 뉘른베르크의 구시가지에는 마인 강의 지류인 페그니츠Pegnitz 강이 흐르고 그 위에는 뉘른베르크에서 가장 오래된 다리인 막스 다리Maxbrücke가 있는데, 그곳에서 바라보는 풍경이 아름답다.

뉘른베르크 프라우엔 교회 앞에서 열리는 크리스마스 마켓은 세계적으로 유명하여 크리스마스 시즌이 되면 많은 관광객들이 몰린다.

뉘른베르크 성Nürnberger Burg 　　　 뉘른베르크 성은 뉘른베르크에서 가장 높은 지대에 위치해 있다. 이 성은 뉘른베르크의 상징으로, 황제의 성Kaiserburg과 영주의 성인 부르크그라펜부르크Burggrafenburg로 구성되어 있다. 뉘른베르크 성은 2차 세계대전에 파괴되었다가 재건된 것이다. 1105년의 기록에서 이 성에 대한 첫 번째 역사적 기록을 찾을 수 있다.

쾨니히 문Königstor 　　　 뉘른베르크 중앙역의 지하철U-Bahn이 완성되면서 지하에 통로가 만들어져, 둥근 파수탑이 있는 쾨니히 문을 통해 뉘른베르크의 남쪽 구시가지로 들어갈 수 있다. 쾨니히 문의 파수탑 아래에는 중세의 광장이 재현되어 있으며 여기에서 뉘른베르크의 수제품을 살 수 있다.

뉘른베르크 크리스마스 마켓

뉘른베르크 쾨니히 문

© Congress & Tourismus Zentrale Nürnberg

알브레히트 뒤러 하우스 Albrecht Dürer Haus   뒤러 하우스는 뉘른베르크가 자랑하는 독일의 대표적 화가인 뒤러가 1509년부터 1528년 사망할 때까지 살았던 집이다. 이곳은 뉘른베르크 성 가까이에 위치해 있다. 생전에 뒤러는 어머니, 아내 그리고 수많은 제자들과 함께 이 집에서 살았다고 한다. 현재 이 집은 뒤러의 박물관으로 사용되고 있다.

프라우엔 교회 Frauenkirche   뉘른베르크의 프라우엔 교회는 1362년에 완성된 뉘른베르크의 대표적인 성당이다. 카를 4세에 의해 탄생된 고딕 양식의 교회로, 독일에서 가장 오래된 시계가 달린 시계탑이 있다. 시계탑에는 카를 4세가 뉘른베르크 및 메츠 제국회의에서 '금인칙서Goldene Bulle'를 공표할 때의 상황을 재현하는 인형극이 펼쳐진다. 7명의 붉은 옷을 입은 작은 남자 인형들이 등장하고 그들은 황제에게 3번의 경배를 올린다.

뉘른베르크 한스 작스 동상

아름다운 분수
© Congress & Tourismus Zentrale
Nürnberg

뉘른베르크 결혼 회전목마 분수

한스 작스 동상 Hans-Sachs-Denkmal　　　한스 작스(1494~1576)는 구두장인, 격언시인, 극작가, 직장가인Meistersinger이었다. 직장가인이란 15~16세기경 독일 상공업자에 의해 조직된 가수 조합이다. 1874년 완성된 한스 작스 동상은 그의 이름이 붙은 한스 작스 광장에 있다.

쾨니히 거리에 있는 마르타 교회Marthakirche는 한때 한스 작스의 공연과 연습 장소로 쓰였으나, 1614년부터 공연을 금지시켰다고 한다.

아름다운 분수 Schöner Brunnen　　　뉘른베르크 시청사 옆에 있는 아름다운 분수는 14세기에 만들어졌으며 뉘른베르크 시의 명물 중 하나로 손꼽힌다. 높이는 19m이고 첨탑은 고딕식이다. 철학자, 7명의 예술가, 4명의 복음서 저자, 4명의 교부,

7명의 선제후, 9명의 영웅, 모세, 7명의 예언가 등 총 40명의 동상이 세워져 있다. 진품은 박물관에 보관되어 있고, 광장에 있는 것은 복제품이다. 분수를 둘러싼 철제문의 고리를 세 번 돌리면서 소원을 빌면 이루어진다는 전설이 있다.

결혼 회전목마 분수 Ehekarussell Brunnen   루트비히 광장에는 하얀 탑Weisser Turm이라고 하는 건물이 있다. 지금 이곳은 지하철역으로 쓰인다. 이 역을 빠져나오면 결혼 회전목마 분수를 볼 수 있다. 이 분수는 결혼 분수 혹은 한스 작스 분수라고도 불린다. 한스 작스의 시「결혼, 쓰고 달콤한 그 생활Das bittersüße eheliche Leben」에 바탕을 두고 1984년 위르겐 베버 교수가 만든 분수이다. 분수에서는 남성이 여성에게 구애하는 장면, 부부의 달콤한 사랑의 순간, 그리고 남편이 아내를 지배하는 집안, 아내가 남편을 지배하는 집안, 마른 남편과 살찐 아내의 모습 등 결혼과 관련된 여러 종류의 인물상을 볼 수 있다.

● **퓌센**Füssen**의 호엔슈반가우 성과 노이슈반슈타인 성**

퓌센은 바이에른 주의 남부에 소재한 도시로, 오스트리아 국경 가까이에 위치한다. 퓌센의 동쪽에 위치한 호엔슈반가우 성Hohenschwangau Schloss은 루트비히 2세의 아버지이자 바이에른의 선제후인 막시밀리안Maximilian 2세가 지은 네오 고딕 양식의 성으로, 루트비히 2세가 자란 곳이다.

루트비히 2세는 호엔슈반가우 성의 맞은편에 또 다른 성을 짓고, 새로운 호엔슈반가우 성이란 뜻으로 노이호엔슈반가우라는 이름을 붙였다. 왕은 이 성을 짓기 위해 많은 재정을 낭비하며 백성들의 원성을 샀다. 그 후 그는 정신병자로

호엔슈반가우 성
© Andrew Cowin

노이슈반슈타인 성
© Jim McDonald/Deutsche Zentrale für Tourismus e.V.

판정받고 퇴위한 지 3일 만에 슈타른베르크^{Starnberg} 호수에 빠져 죽었다. 성은 그가 죽은 후에야 완공되었고, 노이슈반슈타인 성^{Neuschwanstein Schloss}으로 이름이 바뀌었다.

　노이슈반슈타인 성은 중세의 기사의 성을 연상시키나, 실은 원형아치로 대칭을 이루는 로마네스크 양식, 비잔틴 양식으로 된 알현실, 고딕식의 날렵한 탑이 혼합된 건축물이다. 내부의 방은 200개가 넘고, 현관은 바그너의 오페라 중 「니벨룽의 반지」에 나오는 내용을 모티브로 하는 벽화로 꾸며져 있다. 성에서 가장 큰 방은 알현실과 '가수의 방'이다. 특히 '가수의 방'은 오페라 「탄호이저」의 무대 자체를 재현한 것으로, 왕이 가장 좋아했던 방이라고 한다. 바그너 음악에 심취한 루트비히 2세를 위하여 이 방에는 바그너의 작품 「탄호이저」, 「로엔그린」과 「파르치팔」을 테마로 한 조각과 프레스코화가 있다. 특히 이 성에서는 「로엔그린」에 나오는 백조를 테마로 만든 구조물을 볼 수 있다.

　멀리 보이는 알프스 산과 호수의 아름다운 자연 경관이 노이슈반슈타인 성의 매력을 더해 준다. 노이슈반슈타인 성은 월트 디즈니사의 로고에도 등장하며, 독일에서 가장 유명한 관광지 중의 하나로 매년 130만 명의 관광객들이 찾아온다. 2008년에 유네스코 세계문화유산에 등재되었다.

밤베르크Bamberg

밤베르크는 인구 7만 명가량의 소도시지만, 1007년에 신성로마제국의 하인리히 2세에 의하여 가톨릭 교구가 설치된 이래로 독일 가톨릭의 중심지로 여겨지고 있다. 13세기 중엽에는 주교가 제국의 영주였다. 마인 강의 지류이자, 레그니츠Regnitz 강의 원류인 페그니츠 강이 밤베르크 도시 한가운데를 관통하고, 밤베르크의 구시가지에는 레그니츠 강이 흐른다. 밤베르크의 구시가지는 1992년 유네스코 세계문화유산으로 지정된 아름다운 도시이다.

밤베르크 지역에서 만들어지는 라우흐비어Rauchbier는 훈연 맥아를 사용하여, 베이컨이나 훈제 햄의 풍미가 나는 맥주로 유명하다.

밤베르크 대성당 Bamberger Dom　　　　　밤베르크 대성당은 로마가톨릭 교회의 대성당이다. 후기 로마네스크 양식으로 지어진 대성당에는 4개의 첨탑이 있다. 1004년에 황제 하인리히 2세의 명으로 공사가 시작되었고 1012년 완성되었다. 1081년과 1085년의 화재로 파손된 뒤 1200년경부터 새로 대규모의 개축공사를 시작하여 1237년에 완성되었다. 13세기 중엽의 밤베르크 제국에서는 주교가 곧 영주였다.

대성당 내에는 하인리히 왕과 왕비 쿠니군데Kunigunde가 함께 묻혀 있는 관이

밤베르크
© Bamberg/
Tourismus & Congress Service

있다. 하인리히 왕과 쿠니군데는 1000년에 결혼하였는데, 그들 사이에는 아이가 없었다. 하인리히 왕은 1146년에, 쿠니군데는 1200년에 성인으로 추대되었다.

성당 내에 있는 1236년에 완성된 '밤베르크의 기수'는 밤베르크 대성당에서 세례를 받은 헝가리 최초의 기독교 왕이자 수호성인인 성 슈테판의 기마상으로 알려져 있다.

구궁전Alte Hofhaltung **과 신궁전**Neue Residenz   대성당과 신궁전 사이에 위치한 밤베르크 구궁전은 신성로마제국의 황제 하인리히 2세에 의해 건축되었다. 15세기 이후에는 주교의 거주지로 사용되었다. 화재가 났을 때 대성당과 함께 훼손되었다가, 16세기에 복구되었다. 겝자텔Johann Philipp von Gebsattel 주교가 1602년 신궁전으로 이사한 후에는 관청, 도서관, 시청 회의실로 사용되었다. 오늘날에는 박물관으로 이용되고 있고, 여름에는 이곳에서 칼데론 축제가 열린다.

신궁전은 4개의 동으로 이루어졌는데, 두 동은 겜자텔 주교에 의해 르네상스 양식으로, 다른 두 동은 쉰보른Lothar Franz von Schönborn 주교에 의해 바로크 양식으로 완성되었다.

로텐부르크Rothenburg

로텐부르크는 타우버 강 상류 연안에 있어 로텐부르크 오프 데어 타우버 Rothenburg ob der Tauber라고 한다. 로텐부르크의 인구는 약 15만 명이다. 시가를 둘러 싼 중세 성곽과 성문이 옛 모습 그대로 남아 있어 많은 관광객들이 찾아온다. 로 텐부르크는 1274년 신성로마제국으로부터 자유도시로 인정받아 15세기에 이르 러 전성기를 맞이했다.

성 야콥 교회 St. Jakobskirche　　　　고딕 양식의 성 야콥 교회는 로텐부르크를 상징 하는 교회로 190년에 걸쳐 완성되었다. 이곳은 독일 최고의 조각가 틸만 리멘 슈나이더Tilmann Riemenschneider가 작업한 성혈제단으로 유명한데, 천사가 받치고 있 는 금박의 십자가에 예수의 피가 들어갔다고 전해지는 수정이 박혀 있다. 리멘 슈나이더는 성혈제단에 「최후의 만찬」을 작업하였다. 또 이 성당에는 5,500개의 파이프로 만들어진 오르간이 유명하다.

광장Marktplatz　　　　광장에는 고딕 양식의 탑과 르네상스 양식의 본 관 건물이 있다. 시청사의 탑은 고딕 양식으로 된 하얀 건물로, 높이는 약 62m

에 이르며, 전망대와 화재 감시소로 이용된다. 시청사 옆의 시의원 연회관은 예전에는 시의원들만 출입이 허용되었지만 지금은 관광안내소로 쓰이고 있다. 이 건물에는 마이스터 트룽크Meistertrunk라는 시계가 있다. 오전 11시부터 오후 3시까지 정각마다 시계 속에서 인형이 나와 와인을 들이키는 장면이 연출된다.

뷔르츠부르크Würzburg

마인 강 연안에 있는 뷔르츠부르크의 인구는 약 12만 명으로, 이곳은 공업도시이자 포도주의 중심 산지이다. 뷔르츠부르크는 구시가지, 도시를 가로지르는 마인 강, 그리고 그 위를 지나가는 알테 마인교Alte Mainbrücke, 고풍스러운 교회와 화려한 궁전 등 프라하와 닮은 구석이 많아 독일의 프라하로 불린다. 이곳의 주요 특산품은 복스보이텔Bocksbeutel이라는 주머니 모양의 둥근 와인 병에 담겨져 있는 프랑켄와인Frankenwein으로, 맛이 강하고 달지 않아서 독일에서 가장 남성적인 와인으로 손꼽힌다.

뷔르츠부르크 대학은 1402년에 창립된 학교이며, X-선의 발견으로 1901년 노벨상을 수상한 빌헬름 콘라트 뢴트겐Wilhelm Conrad Röntgen이 물리학과 교수로 재직하였다.

뷔르츠부르크 궁전Würzburger Residenz 뷔르츠부르크 궁전은 독일의 대표적 건축가 노이만Balthasar Neumann이 설계하고 베네치아 출신의 화가 티에폴로Giambattista Tiepolo가 프레스코화로 장식하여 1744년 완성된 바로크 양식의 궁전이다. 이 건물은

뷔르츠부르크 궁전의 프란코니아 분수
© Foto-Design Ernst Wrba/Deutsche Zentrale für Tourismus
e.V.

마리엔베르크 요새
© Würzburg, Congress Tourismus, Wirtschaft

프랑켄와인
© Foto-Design Ernst Wrba/Deutsche Zentrale für Tourismus e.V.

건축과 회화가 잘 어우러져 이 시기의 대표 업적 중의 하나로 손꼽히며, 유네스코 세계문화유산에 등재되어 있다.

건물 내부는 석고, 대리석 그리고 점토분을 섞어 천장과 벽면을 뒤덮은 다음 부조와 채색 등으로 장식하는 건축의 구성 요소 중 하나인 스투코stucco로 마무리되었다. 이곳의 대표적인 공간은 '계단의 방'과 '황제의 방'이다. '계단의 방'의 프레스코 천장화는 세계의 4대륙, 즉 유럽, 아시아, 아메리카 그리고 아프리카 대륙을 나타내고 있다. '황제의 방'은 궁전 내에서 가장 화려한 방으로 이 방에는 붉은 수염의 프리드리히 바르바로사 1세와 부르군트 왕국의 베아트릭스Beatrix의 결혼식 모습이 그림으로 담겨 있다.

궁전 앞에는 프란코니아 분수Fankoniabrunnen가 있는데, 그 분수의 한가운데에 프랑켄 지방의 수호신인 여신 프란코니아가 뷔르츠부르크 문장이 그려진 깃발을 들고 있기 때문에 이런 명칭으로 불린다. 여신 아래에 시인 발터 폰 데어 포겔바이데Walther von der Vogelweide, 조각가 틸만 리멘슈나이더와 화가 마티아스 그뤼네발트Matthias Grünewald의 형상이 장식되어 있다. 이 분수는 1894년에 완성되었다.

마리엔베르크 요새 Festung Marienberg　　　마인 강 서쪽 강변에 솟아 있는 마리엔베르크 요새는 기원전 100년에 켈트족의 성채가 있었던 곳으로, 1253년부터 1791년까지 뷔르츠부르크의 관저로 사용되었다. 1867년 요새로 바뀌면서 병영과 창고로 쓰이기 시작하였다. 이곳에서는 뷔르츠부르크 도시가 한눈에 내려다보인다.

마리엔베르크 요새 내에 706년에 설립된 마리엔 교회가 있다. 이 교회는 뷔르츠부르크에서 가장 오래된 교회이다. 마리엔베르크 요새 밑에는 알테 마인교가 있다.

● **베르크하우젠 성**Burg zu Berghausen

독일과 오스트리아 국경 지역에 위치한 베르크하우젠 성은 도시 북쪽에 있는 성으로 1,051m의 세계에서 가장 긴 성채로 기네스북에 등재되어 있다. 또한 이 성은 1025년에 완성되어, 서류상으로는 가장 오래된 성이기도 하다. 베르크하우젠은 원래는 성의 명칭이었는데, 요사이는 도시 이름으로 사용된다.

11. 튀링겐 자유주Freistaat Thüringen

튀링겐은 아름다운 계곡과 협곡이 많은 주이기 때문에, 하이킹과 동계 스포츠로 유명해져 많은 관광객이 방문한다.

주도: 에르푸르트Erfurt

인구 약 20만 명의 에르푸르트는 25개의 교회, 15개의 수도원과 10개의 예배당 탑이 있어 중세의 분위기가 물씬 나는 도시이다. 루터는 이곳을 에르포르디아 투리타Erfordia Turrita(탑이 많은 도시)라 했다고 한다.

에르푸르트는 무역 거점 도시이자 공업이 발달한 도시이며, 꽃, 채소 등의 채종업이 발달한 도시이다. 독일 사회과학자 막스 베버와 경제학자이자 문화 사회학자 알프레트 베버Alfred Weber 형제가 태어난 곳이기도 하다.

상인들의 다리 Krämerbrücke 상인들의 다리는 에르푸르트의 명소이다. 처음에는 목조로 지어졌다가, 여러 번의 화재로 손실된 후 석조다리로 개축되었다. 도시 한가운데를 가로지르는 게라Gera 개울을 따라 지어졌으며 다리 위에 32채의 집이 있다. 다리 위의 집은 지금도 사용되고 있다.

아우구스틴 수도원 Augustiner Kloster 아우구스틴 수도원은 1277년에 완성된 수도원이다. 이곳은 마르틴 루터가 1505년부터 1512년까지 살았고, 사제 서품을 받았

에르푸르트의 상인들의 다리
© Toma Babovic/Thüringer Tourismus GmbH

던 곳이다. 이 건물은 튀링겐 주의 기념물 보호관리법에 따라 인정된 문화유산이다.

바이마르Weimar

바이마르는 인구 6만이 채 안 되는 작은 도시지만 문화적 유산이 많은 것으로 유명하여 1992년 '유럽의 문화도시'로 선정되었다. 이곳에는 리스트 음악대학, 세계 7대 아름다운 도서관으로 평가되는 안나 아말리아 도서관 등이 있다. 안나 아말리아 도서관은 괴테가 도서관 관장을 맡기도 한 곳이다. 2004년 9월 2일에 일어난 화재로 5만 권의 장서가 불타 버렸으나, 그 후 복구에 힘을 써 2007년 10월 24일 다시 개관하였다.

대공비 안나 아말리아의 비툼 궁전 Wittumspalais   비툼 궁전은 바이마르 공국의 지배자인 카를 아우구스트Karl August의 모후인 대공비 안나 아말리아Herzogin Anna Amalia의 거주지였다. 이 궁전은 바로크 양식의 궁전이다. 아말리아는 바이마르에 살롱문화를 번성하게 하였다. 그녀는 철학자, 문학가, 음악가, 미술가, 건축가, 교수들을 지원해 줌으로써 바이마르에 궁정문화를 꽃피우게 하였고, 이 때문에 바이마르 궁정은 뮤즈궁정Musenhof이 되었다. 아말리아는, 당대 최고의 지성인인 헤르더Herder, 괴테 그리고 의사와 식물학 교수 등을 초대하여, 매주 월요일마다 이곳에서 자신의 관심 분야나 전공 분야에 대해 발표하고 토론하였다.[4]

비툼 궁전 옆에 실러가 거주하던 집이 있다. 바이마르 시는 1847년에 이 건물을 사서 실러를 기념하기 위한 기념관으로 조성했다.

괴테 하우스 Goethe Wohnhaus**와 실러 하우스**Schiller Wohnhaus   아우구스트 대공의 초청으로 1775년 11월 바이마르에 온 괴테는 서기관에 위촉되었고, 그 후 일메나우 광산 운영 책임자, 건설 분야와 바이마르 군대를 위한 심의기관의 위원 그리고 재정관리 등의 많은 공직을 맡았다. 괴테는 프라우엔플란Frauenplan에 있는 3층 건물에 세 들어 살다가, 1794년 아우구스트 대공에게서 이 집을 하사받았다.

괴테와 우정을 나누었던 실러도 괴테의 초청으로 바이마르에 거주하였다. 바이마르의 실러의 집은 괴테의 집과 그리 멀지 않은 곳에 자리 잡고 있다.

---

4   이해경(2010), 통섭의 방법모델로서 바이마르 살롱, 독일언어문학 제50집, 202쪽 이하.

바이마르 괴테와 실러 동상
ⓒ Thüringer Tourismus GmbH

일름 공원의 내 괴테의 집
ⓒ Joachim Negwer/Thüringer Tourismus GmbH

괴테와 실러 동상 Goethe-Schiller Denkmal　　　바이마르 국립극장 앞에 있는 괴테와 실러 동상은 1857년에 완성되었다. 괴테는 떡갈나무에 기대어 조용히 앞을 보고 있고, 왼손은 실러의 어깨에 얹고 있다. 실러는 왼손에 둥글게 말린 서류를 들고 있다. 두 사람은 한쪽 발에 무게를 집중하고 다른 쪽 발은 편안하게 놓는 구도인 콘트라포스토Contrapotso 자세를 취하고, 월계관을 맞잡고 서 있다. 흥미로운 것은 실러의 키는 190cm이고 괴테의 키는 169cm이었기에, 실러가 괴테보다 실제로 크지만, 두 사람의 동상은 똑같은 크기로 만들어졌다는 것이다.

일름 공원 Ilm Park　　　일름 공원은 바이마르에 있는 공원 중 가장 큰 영국식 공원이다. 괴테가 생존 시에 관여하여 18세기에 완성된 후 현재까지 변함이 없다. 1998년 유네스코에 의해 세계문화유산으로 선정되었다. 공원의 동쪽 부분에 괴테의 집이 있다.

1798년 아우구스트 대공을 위해 완성된 로마 하우스도 일름 공원의 대표적 건물이다. 공원 내에는 셰익스피어 동상, 리스트 동상 등이 설치되어 있다.

12. 작센 자유주 Freistaat Sachsen

주도: 드레스덴 Dresden

강성왕 아우구스트 1세는 드레스덴을 세계적인 도시로 건설하고자 하는 의지를 가지고 있었고, 아우구스트 3세는 그 뜻을 받들어 이탈리아의 예술가와 장인들을 초청하여 드레스덴을 건설하였다. 이 때문에 드레스덴은 '엘베 강의 피렌체'라 불리며, 아름답고 웅장한 건물을 많이 간직하고 있다. 작가 에리히 케스트너 Erich Kästner가 "역사, 예술, 자연이 화음을 이루는 선율처럼 이 도시와 계곡을 감돌고 있다"라고 말했을 정도로 아름다운 도시이다.

또한 드레스덴은 첨단 과학기술 산업을 유치해, 유럽의 실리콘밸리라는 뜻의 실리콘 색스니 Silicon Saxony라는 별칭을 얻었다. 실리콘 색스니는 미국의 실리콘밸리와 작센 주의 영어 명칭 색스니의 합성어이다. 이곳에는 세계적인 가전회사인 지멘스가 건립한 마이크로 전자공장, 고성능 기술혁신센터, 태양광발전소, 반도체 업체 등 300개의 회사가 있으며, 총 4,000여 명의 인력이 활동하고 있다.

츠빙거 궁 Zwinger Schloss　　　츠빙거 궁은 1709년에 완성되었다. 츠빙거라는 말은 중세 때에는 요새의 외부와 내부 벽 사이의 공간을 칭하는 일반적인 말이었다.

드레스덴 츠빙거 궁전   드레스덴 츠빙거 궁전 내 정원

그러나 건축을 시작할 당시 이미 이름에 상응하는 역할은 충족되지 않았다. 건축가는 푀펠만Matthäus Daniel Pöppelmann과 페르모저Balthasar Permoser이다. 츠빙거 궁은 바로크 양식의 최고 걸작으로 평가된다. 중앙에 조성된 바로크식 정원, 화려하게 장식된 돌출부 그리고 건축 장식물의 화려함 등으로 강성왕의 섭정 기간 동안의 그의 권위를 보여 준다. 궁의 뜰에는 '요정의 욕실'이라는 연못도 있다.

현재 츠빙거 궁은 박물관으로 이용되며, 그 안에는 16~18세기의 무기와 갑옷 전시관, 수학, 과학 도구가 전시된 수학 물리학 살롱, 도자기 전시관 그리고 고전 거장 회화관 등이 있다. 고전 회화관은 3,000여 점의 소장품을 보유하고 있는 세계적인 박물관이다. 이곳을 세계적으로 유명하게 만든 가장 대표적인 작품은 라파엘로Raffaello Sanzio의 「시스틴의 성모 마리아Sixtinische Madonna」이다.

그 밖에 가장 유명한 건물은 왕관의 문Kronentor으로 드레스덴의 상징 중의 하나이다.

드레스덴 프라우엔 교회 · 드레스덴 프라우엔 교회 앞 루터 동상

드레스덴 프라우엔 교회 Dresdner Frauenkirche   드레스덴 프라우엔 교회는 1726~1743년에 걸쳐 만들어진 바로크 양식의 교회이다. 이 교회는 독일 개신교 교회 중 가장 큰 규모를 자랑한다. 교회 앞에 마르틴 루터의 동상이 있다. 이곳의 둥근 돔은 '돌로 빚은 종'이라는 찬사를 듣고 있다. 이 교회는 2차 세계대전에 완전히 붕괴되었다가, 2005년 10월에 복원되었다.

젬퍼 오페라 하우스 Semper Operhaus   건축가 고트프리트 젬퍼Gottfried Semper가 건축한

젬퍼 오페라 하우스 내부
© Design & Systemtechnik Andreas Antoni/
Deutsche Zentrale für Tourismus e.V.

드레스덴 젬퍼 오페라 하우스

오페라 하우스의 정식 명칭은 작센 국립오페라^{Sächsische Staatsoper}이다. 2차 세계대전 때 많이 훼손되어 방치되었다가 1985년에 복구되었다. 2002년에 홍수로 물에 잠기기도 하였으나 지금은 완전히 복구되었다. 오페라 하우스 왕실 전용 출입문 위에는 그리스 신화에 등장하는 디오니소스, 아드리아네 그리고 네 마리의 말이 끄는 이륜마차^{Quadriga}가 보인다.

레지덴츠 궁전^{Residenzschloss}　　　레지덴츠 궁전은 15세기 후반부터 작센 지방을 다스리던 알베르티네 베틴^{Albertine Wettin} 가문이 거주하던 르네상스식 건축물이다. 슈탈호프^{Stallhof}, 즉 마상 경기장의 벽에 길이 101m, 높이 8m의 마이센 자기 타일로 만들어진 「군주들의 행진^{Fürstenzug}」이라는 벽화가 남아 있다. 이것은 베틴 가문의 역대 군주들을 연대기적으로 묘사하고, 왕 외에도 59명의 과학자와 예술가, 농부 등이 함께 그려져 있다. 각 군주의 그림 밑에 각각의 이름이 표기되어 있다. 무려 2만 5000여 개의 타일이 쓰였다고 한다. 슈탈호프는 1591년 크리스티

드레스덴 레지덴츠 궁전 「군주들의 행진」   드레스덴 레지덴츠 궁전-슈탈호프

안Christian 1세 때 만들어진 마상 경기장이다.

궁전 내 박물관은 고가의 보물들을 소장한 것으로 유명하다. 이 박물관은 1560년경에 아우구스트 1세에 의해 설립되었으며, 다섯 개의 전시관을 가지고 있다. 즉 신·구 보물관(그뤼네스 게뵐베Grünes Gewölbe), 화폐 진열실, 동판화 진열실 그리고 무기 진열실이다.

그중 유명한 곳은 아우구스트 2세가 만들었다는 신·구 보물관으로, 내부가 온통 초록빛으로 장식되어 있기에 초록 방이라 한다. 구 보물관의 대표적인 작품은 「에머랄드 원석을 나르는 무어인」이다. 신보물관에는 바로크 작품들이 총 1,100여 점 전시되어 있다.

브륄의 테라스 Brühlsche Terrasse   브륄의 테라스는 드레스덴의 구도시 중심지에

드레스덴 브륄의 테라스

있는 관광지로 유명하다. 이곳은 16세기 아우구스트 2세 시절 하인리히 폰 브륄 Heirich von Brühl이라는 귀족이 요새의 터에 박물관, 도서관 그리고 긴 정원이 딸려 있는 보도를 만들어, 브륄의 테라스란 이름이 붙었다. 이후 이곳은 군사적 의미를 잃었다. 브륄의 테라스는 아우구스트 다리Augustbrücke와 카롤라 다리Carolabrücke 사이에 엘베 강을 따라 뻗어 있는 500m 내의 길이 해당된다. 이곳에서 신시가지와 구시가지, 엘베 강의 전경이 한눈에 들어오기 때문에 아름다운 경치로 유명하다. 이곳에는 브륄의 테라스를 '유럽의 발코니'라 극찬했던 괴테의 동상이 있다.

라이프치히ᴸᵉⁱᵖᶻⁱᵍ

라이프치히는 작센 주에서 가장 큰 도시이다. 동독 시절 그 명성이 쇠퇴하였으나 독일 통일 후 다시 도시의 의미가 부상하고 있다. 라이프치히 근교의 츠비카우ᶻʷⁱᶜᵏᵃᵘ에서는 동독 시절 플라스틱으로 차체를 만들어 '국민 차'를 생산하였다. 이 차는 트라반트ᵀʳᵃᵇᵃⁿᵗ(트라비ᵀʳᵃᵇⁱ라고 불렸다)라고 하는데, 한때 동독 시민들은 이 차를 구입하기 위해 10년 이상 기다려야 했다. 통일이 된 후, 이 차는 조롱과 위트의 대상이 되었다.[5]

아우어바흐 술집ᴬᵘᵉʳᵇᵃᶜʰˢ ᴷᵉˡˡᵉʳ   아우어바흐 술집은 지붕이 덮여 있는 화려한 쇼핑몰 매들러 파사주ᴹᵃᵈˡᵉʳ ᴾᵃˢˢᵃᵍᵉ에 있는 술집이다. 이 술집은 라이프치히에서 가장 유명하며, 라이프치히에서 두 번째로 오래된 술집으로, 괴테의 『파우스트ᶠᵃᵘˢᵗ』의 무대가 되는 곳이다. 입구에 파우스트와 메피스토펠레스의 동상이 있다. 괴테도 라이프치히 대학을 다닐 동안 이곳을 자주 찾았다고 한다.

성 토마스 교회ˢᵗ. ᵀʰᵒᵐᵃˢᵏⁱʳᶜʰᵉ**와 바흐 동상**ᴮᵃᶜʰ ᴰᵉⁿᵏᵐᵃˡ   성 토마스 교회는 바흐가 25년 동안 오르가니스트 겸 합창 지휘자로 근무했던 곳으로 내부에 그의 묘소가 있고, 교회 앞에 바흐 동상이 있다.

---

5   Renate Luscher(1998), 앞의 책, 80쪽 참조.

라이프치히 대학교 Universität Leipzig　　라이프치히 대학은 1409년에 개교한 대학으로 독일에서 하이델베르크 대학 다음으로 오래된 대학이다. 이곳에서 공부한 유명 인사로는 괴테, 레싱Gotthold Ephraim Lessing, 철학자 니체, 작곡가인 슈만Robert Schumann 및 바그너, 근대 사학을 수립한 사학자 랑케Leopold von Ranke가 있다. 역사학자 테오도어 몸젠Theodor Mommsen, 물리학자 하이젠베르크Werner Karl Heisenberg, 뫼비우스의 띠로 유명한 수학자 뫼비우스August Ferdinand Möbius가 교편을 잡았던 곳이기도 하다.

마이센Meißen

드레스덴에서 24km 떨어진 곳에 위치한 마이센은 연금술사 뵈트거Johann F. Böttger가 도자기 제조 비법을 알아내, 독일 작센의 선제후 아우구스트 2세가 1710년에 국영 도자기 공장을 설립한 곳이다. 마이센 도자기는 유럽 최초의 도자기이자 세계 3대 명품 도자기에 속한다.

알브레히츠부르크Albrechtsburg　　알브레히츠부르크는 고딕 양식의 성으로 독일에서 가장 오래된 성이다. 뵈트거를 후원했던 강성왕 아우구스트가 1710년에 고립된 위치 때문에 사용되지 않고 버려졌던 이 성에 유럽 최초로 도자기 공장을 설립하였다. 그 이유는 '하얀 황금'이라 일컬어지는 도자기 생산비법이 알려지지 않게 하기 위해서였다. 19세기 중반에 도자기 공장이 옮겨 가 성은 다시 비게 되었다. 1811년 성은 대중에게 공개되었고 현재는 박물관으로 사용된다.

마이센 도자기 박물관

마이센 알브레히츠부르크

마이센 도자기 박물관 내

마이센 도자기 박물관 Meißen Porzellan Museum　　　마이센 도자기 박물관은 1916년 1월에 개관하였다. 1층에는 1710년부터 현재까지의 도자기를 연대기별로 전시하고 있다. 2층은 특별 전시관으로 동시대의 도자기 관련 작품들을 전시하고 있다. 마이센의 상징 마크는 푸른색의 칼이 교차하고 있는 모습으로, 이 마크는 1731년부터 사용되었다.

● 무스카우어 공원Muskauer Park

세계문화유산으로 지정된 무스카우어 공원은 독일과 폴란드에 걸쳐 지어진 공원으로 중부 유럽에서 가장 큰 영국식 정원이다. 녹색 제후 헤르만 폰 퓌클러 무스카우Hermann von Pückler Muskau가 1815~1844년에 조성한 것이다. 이 공원은 무스카우 공작이 영국을 여행하고 돌아와서 영국식으로 조성한 풍경화적 정원이다.

13. 작센안할트Sachsen-Anhalt 주

작센안할트 주는 토탄Braunkohle의 매장량이 많은 주로, 통일 전에는 공업이 가장 발전했던 지역이었다. 엘베 강이 이곳을 관통하고 있다. 마그데부르크 평원과 하르츠 산맥이 위치하여 비옥한 경작지로 손꼽히고 있다. 곡물과 사탕무가 주로 재배되고 있기 때문에, 설탕 공장과 식품 공장이 잘 발달되어 있다.

주도: 마그데부르크Magdeburg

엘베 강에 면한 내륙의 큰 항구이자 산업의 중심지인 마그데부르크에는 72개의 크고 작은 성Burg이 있어 중세 시대를 연상케 한다.

데사우-뵐리츠 정원Das Gartenreich Dessau-Wörlitz　　　데사우-뵐리츠 정원은 1683년부터 시작된 도시, 궁전 그리고 공원을 통합하는 조경사업의 한 사례이다. 안할트-데사우의 왕자 레오폴트 3세 프리드리히 프란츠Leopold III Friedrich Franz가 1765년경 광범

데사우-뵐리츠 정원
© DZT-Kulturstiftung Desau Woerlitz, Bildarchiv Monheim GmbH

비텐베르크 시청사, 교회, 루터 동상, 필립 메란크톤 동상
© Hans R. Uthoff/Deutsche Zentrale für Tourismus e.V.

위한 조경설계를 시작해 1871년에 이르러서는 공국 자체가 하나의 통일된 정원으로 조성되었다. 데사우-뵐리츠 정원의 영역은 엘베 강을 따라 142km²에 달한다. 2000년에 유네스코 세계문화유산에 등재되었다.

정원의 핵심 시설은 역사적 의미가 있는 정원, 정원 내의 건축물, 그리고 조소작품이다. 그로스퀴나우 성Schloss Grosskühnau, 루이지움Luisium, 게오르기움 성Schloss Georgium, 라이너베르크Leiner Berg, 지크리처베르크Sieglitzer Berg, 오라니엔바움Oranienbaum, 그리고 뵐리츠 성Schloss Wörlitz 등이 데사우-뵐리츠 정원에 소속되어 있다.

비텐베르크Wittenberg

비텐베르크는 루터가 1517년 시작한 종교개혁의 발상지이기 때문에, 비텐베르크 도시의 정식 명칭을 'Lutherstadt Wittenberg'라 한다. 이곳에는 루터가 '95개조의 반박문'을 써 붙인 교회와 그가 살던 집, 설교하던 곳 그리고 그의 묘지가 있다.

14. 브란덴부르크Brandenburg 주

브란덴부르크 주는 폴란드에 접해 있다. 브란덴부르크의 주요 산업은 삼림과 농업이다. 최근에 자동차와 기계 및 화학 산업 등에 대규모 투자가 이루어져 크게 발전을 이루고 있다.

주도: 포츠담Potsdam

포츠담은 브란덴부르크 주의 주도로, 1945년 미국, 영국, 소련 등의 연합국이 모여 포츠담 회의를 통해 한국과 독일의 영토를 분할했던 곳이기도 하다. 이 회의를 통하여 오데르-나이세의 동부 지역은 폴란드가, 동프로이센의 북쪽 지역은 소련이 관리하기로 결정하였다.

상수시 궁전
© Dietmar Scherf/Deutsche Zentarle für Tourismus e.V.

상수시 공원의 프리드리히 2세 동상
© Tourismus Marketing Brandenburg

상수시 궁전 Sanssouci Schloss　　　　　포츠담에 있는 상수시 공원 내의 여러 건물들은
프리드리히 2세의 스케치를 바탕으로 건립되었다. 그중 상수시 궁전은 크노벨
스도르프Georg Wenzeslaus von Knobelsdorff가 1745년부터 1747년까지 2년에 걸쳐 완성한
프리드리히 대제의 여름 궁전이다. 상수시란 프랑스어로 '근심 없는 궁전'이란
뜻이며, 베르사유 궁전을 모방한 것이다. 실내장식은 당시 유행한 로코코 양식
의 전형을 보여 주고 있다. 이 궁전은 대분수에서 6단의 테라스를 거쳐 약 20m
정도 올라간 곳에 세워진 단층 건물이다. 정원이 정면에 배치되어 있다.

　신궁전은 상수시 궁전의 서쪽에 위치해 있으며 주로 겨울에 이용되었다.
1763년에서 1769년에 걸쳐 완성되었다. 왕의 거처와 손님들을 위해 완성된 바로
크 양식의 건물이다. 중국관은 공원 정자로, 평면도로 보면 클로버 형태임을 알
수 있다. 1755년에서 1764년에 걸쳐 완성된 곳이다. 반구 천장 위에는 중국 사신
의 동상이 앉아 있다. 오란게리에 궁Orangerieschloss은 프리드리히 빌헬름 4세 때 그

의 초안을 기반으로 상수시 공원의 북쪽에 건립되었다. 건물의 전면과 정원은 이탈리아 르네상스 양식으로 설계되었고, 중앙홀은 고대 양식으로 설계되었다.

독일의 필름공원 바벨스베르크Filmpark Babelsberg

필름공원 바벨스베르크
ⓒ Frank Mathwig/Filmpark Babelsberg GmbH

필름공원 바벨스베르크는 포츠담에 위치한 세계적으로 유명한 영화 촬영소이자, 유럽 최대의 영화 제작소이다. 포츠담에는 많은 영화와 TV 스타들이 살고 있다. 이곳에서 영화 〈푸른 천사〉(1930)부터 시작하여 현대에 와서 〈피아니스트Pianist〉(2002)와 〈작전명 발키리Operation Walküre〉(2008) 등이 촬영되었다.

● 프랑크푸르트(오데르)Frankfurt(Oder)

독일과 폴란드 간의 비자 면제 협정이 체결되면서부터 오데르 강변에 위치하고 있는 프랑크푸르트 항구는 동유럽 국가들의 화물 환적장으로서 그 중요성이 커졌다.

15. 베를린Berlin

베를린은 1871년 철혈재상이라 불리는 비스마르크가 독일을 통일하면서 독일의 수도가 되었다. 2차 세계대전 후 동서 베를린으로 분단되었다가, 1990년에 통일된 후 다시 독일의 수도가 되었다.

베를린은 브란덴부르크 주에 의해 둘러싸여 있는 점이 특이하다. 인구는 350만으로 독일에서 인구 밀도가 가장 조밀한 도시이다. 시내에는 슈프레Spree 강이, 서쪽에는 하벨Havel 강이 흐른다. 반 호Wannsee를 비롯한 56개의 호수가 있다.

베를린에서는 세계적으로 유명한 베를린 필하모니의 콘서트와 베를린 국제 영화제가 개최되기도 한다. 그 외 옛 베를린 장벽의 잔해가 총 4곳에 남아 있다. 그중 슈프레 강이 보이는 뮐렌 거리Mühlenstrasse의 장벽을 이스트사이드갤러리East Side Gallery라 한다. 이곳에서 전 세계의 예술가와 여행자들이 평화를 기원하며 남겨 놓은 그림들을 볼 수 있다.

베를린 문장: 곰　　　1954년 이후로 곰이 베를린의 상징이 되었다. 베를린 도처에서 다양한 모습의 곰을 볼 수 있다. 붉은 혀와 붉은 발톱을 지닌 곰이 흰색의 문장 위를 곧추선 자세로 걸어가고 있다. 문장 위에는 다섯 장의 금색 잎이 달린 왕관이 놓여 있고, 그 아래 머리띠 부분은 중앙에 달린 문이 있는 담 모양으로 되어 있다.

쿠담 거리 Kurfürstendamm　　　쿠르퓌르스텐담을 베를린 사람들은 쿠담이라고

이스트사이드갤러리의 그림
© Hans Peter Merten/DZT

빌헬름 황제 기념교회
© Juergen Pollak/Deutsche Zentarle für Tourismus e.V.

부른다. 쿠담 거리는 라테나우 광장Rathenauplatz에서 빌헬름 황제 기념교회가 있는 브라이트샤이트 광장Breitscheidplatz에 이르는 독일 최대의 번화가로, 많은 식당가와 호텔이 즐비해 베를린 서쪽 관광산업의 중심지이다.

빌헬름 황제 기념교회 Kaiser Wilhelm Gedächtniskirche　　　빌헬름 황제 기념교회는 독일 제국의 초대 황제인 빌헬름 1세의 업적을 기리기 위해 그의 손자 빌헬름 2세가 1894년 네오 로마네스크 양식으로 세운 것이다. 현재의 모습은 2차 세계대전 때 폐허가 된 교회를 그대로 보존하여 전쟁의 참상을 기억하도록 하고 있다. 그 좌우로 팔각형의 교회 건물과 육각형의 탑을 지었다.

티어가르텐Tiergarten **과 전승기념탑**Siegessäule　　　티어가르텐은 과거에는 선제후들의 사냥터로 이용되었던 곳인데, 1830년부터 공원으로 바뀌었다. 공원 곳곳에 국가의 통치자들과 예술가들의 기념상이 있고, 약 1,500여 종의 동물을 보유하고 있다.

또한 티어가르텐에서 브란덴부르크 문까지 이르는 녹지가 조성되어 있어 베를린 시민들에게 좋은 휴식처를 제공한다.

공원 한가운데에는 프로이센이 1864년 덴마크와, 1866년 오스트리아와 그리고 1870~1871년 프랑스와의 전쟁에서 승리한 것을 기념하기 위해 전승기념탑이 세워져 있다. 맨 꼭대기의 황금 천사상은 승리의 여신상 빅토리아(골델제 Goldelse, 즉 황금의 엘제라는 별명으로 불린다)이다. 여신상에는 285개의 계단을 오르면 베를린 시내의 전경을 한눈에 내려다볼 수 있는 전망대가 있다. 이 전망대에서 밑을 바라보면 광장은 다섯 갈래의 도로로 뻗어 있음을 볼 수 있다.

티어가르텐에는 1994년부터 독일 대통령의 정식 관저로 사용되는 벨뷔 궁 Schloss Bellevue이 있다.

베를린 필하모니 음악당 Berliner Philharmoniker und Kammermusiksaal   1963년에 완성된 베를린 필하모니의 전당인 필하모니 음악당은, 외관으로 봐서는 부정형의 오각형으로 마치 텐트를 친 것과 같은 모양이다. 건축가는 브레멘 출신의 한스 샤로운Hans Scharoun이다. 2,240명이 들어갈 수 있는 대연주홀의 형태는 무대가 한가운데 위치하고, 포도밭 스타일로 배치된 객석이 무대를 감싸고 있다. 이런 형식의 구조로 연주자와 관객 사이의 일체감을 형성한다.

브란덴부르크 문 Brandenburger Tor   브란덴부르크 문은 독일 프로이센 제국이 강대국의 위상을 자랑하기 위해 1791년 베를린 중심가인 파리 광장Pariser Platz에 세운 개선문이다. 건축가는 초기 고전주의의 건축가인 랑한스Carl Gotthard Langhans이다.

베를린 티어가르텐 입구
© Joachim Messerschmidt/Deutsche Zenrale für Tourismus e.V.

브란덴부르크 문
© Hans Peter Merten/Deutsche Zentrale für Tourismus e.V.

파리 광장은 1814년 프로이센 군대가 파리를 함락하고 나폴레옹을 퇴위시킨 기념으로 지금의 이름을 가지게 되었다.

브란덴부르크 문 위에는 네 마리의 말을 이끄는 승리의 여신 빅토리아가 조각되어 있다. 승리의 여신은 참나무 화환으로 장식되어 있고 그 위에 제국의 상징인 독수리가 앉아 있는 십자가상을 들고 있다. 나폴레옹의 프랑스군에게 빅토리아 조각상을 빼앗겼다가 1814년에 되찾아왔다. 그 기념으로 빅토리아가 들고 있는 독수리와 참나무 화환의 십자가상을 추가한 것이다. 여섯 개의 도리스식 기둥이 건물의 지붕을 받치고 있다. 여섯 개의 기둥 사이에, 다른 통로보다 넓게 트인 가운데 통로는 왕가의 궁정 마차를 위한 통로였고, 양쪽의 각각 2개의 문은 일반인을 위한 통로였다. 이 문은 아테네의 아크로폴리스에 있는 파르테논 신전을 모델로 신축한 것으로, 그리스 양식을 부활시켜 공공장소에 적용한 첫 사례로 꼽힌다. 문의 양편에 있는 건축물은 세금 징수인과 당직 군인 및 관리인을 위한 숙소였다.

옛 동·서독 시절에는 이 문이 분단선 역할을 해 함부로 통과할 수 없었기에, 독일 분단과 동서 냉전의 상징이었다. 1961년 베를린 장벽이 세워지면서부터는 이 문을 통해서만 동서 베를린을 왕래할 수 있어서 동베를린과 서베를린 사이의 관문 역할을 하였으며, 1989년 동독이 무너지자 브란덴부르크 문은 다시 열려 통일의 상징이 되었다.

운터 덴 린덴 Unter den Linden　　　　운터 덴 린덴은 '보리수 나무 아래'라는 뜻으로, 브란덴부르크 문 동쪽의 파리 광장에서 성의 다리Schlossbrücke까지 총 1.5km 거리에 보리수가 심어져 있어 붙여진 이름이다. 이 거리는 베를린에서 가장 유명한 산책로이다.

독일 연방의회 의사당 Reichstag　　　　독일 연방의회 의사당은 1894년 프랑크푸르트 출신의 건축가 파울 발로트Paul Wallot에 의해 완성되었다. 건물 전면 중앙에는 고대 신전 양식의 입구가 있고, 건물의 네 모서리에는 네모난 탑을 두는 구성이다. 의사당 입구에는 "독일 국민들에게Dem Deutschen Volke"라는 글귀를 새겨 놓았다.

독일이 통일된 후 의사당은 영국 출신 건축가 노먼 포스터Norman Foster에 의해 현대적인 의회 건물로 재건축되었다. 포스터는 의사당 건물의 유리돔 안에 나선형 경사로를 만들어, 방문객들이 본회의장의 회의 장면을 위에서 내려다볼 수 있게 하였다. 유리돔은 친환경 에너지 보급을 위한 정책의 일환으로 태양열 기구가 설치되어 있고, 또한 독일 정치의 투명성을 상징한다. 돔은 밤이면 조명을 밝혀서 사방에서 볼 수 있도록 하였다. 유리돔을 보기 위해 많은 관광객이 연방의회 의사당을 방문한다.

베를린 훔볼트 대학교Humboldt-Universität zu Berlin

베를린 훔볼트 대학은 1810년 언어학자인 빌헬름 폰 훔볼트Wilhelm von Humboldt에 의해 창립되었을 때는 명칭이 베를린 대학교Universität zu Berlin이었다. 프로이센 왕정 시대에는 왕들의 이름을 따라 프리드리히 빌헬름 대학Friedrich-Wilhelm-Universität이라고 개명되었다. 2차 세계대전이 끝나고 1949년 동독에 편입되었을 때에는 훔볼트 대학Humboldt-Universität으로 개명되었다. 서베를린에서는 베를린 자유대학Freie Universität zu Berlin을 건립하였다. 1990년 통일이 되자, 전통을 살린다는 취지에서 최종적으로 베를린 훔볼트 대학으로 명칭이 확정되었다.

빌헬름 폰 훔볼트의 동상은 베를린 훔볼트 대학의 정문 왼쪽에 있으며, 손에 책을 들고 있다. 베를린 훔볼트 대학 정문의 오른쪽에는 베를린 훔볼트 대학의 자연과학 교수를 지낸 빌헬름 폰 훔볼트의 동생 알렉산더 폰 훔볼트Alexander von Humboldt의 동상이 지구본 위에 앉아 있다.

이 대학은 자연과학과 인문학 분야에서 세계 지성사의 특별한 위치를 차지하고 있다. 화학 분야에서 17명, 의학 분야에서 9명, 물리학 분야에서 12명의 노벨상 수상자가 배출된 것은 알렉산더 폰 훔볼트의 정신을 이은 것이라 할 수 있다. 인문학 분야에서도 헤겔, 피히테, 아인슈타인, 하이네, 마르크스, 엥겔스 등 세계적인 석학들이 공부한 곳이기도 하다.

그 외에 물리학자이자 베를린 훔볼트 대학의 총장을 역임했던 막스 플랑크Max Planck, 베를린 대학 물리학 교수였던 헬름홀츠Hermann von Helmholz, 역사학자이자 독일 최초의 노벨 문학상 수상자 테오도어 몸젠 등의 동상을 볼 수 있다.

본관 맞은편에는 베벨 광장Bebelplatz을 사이에 두고 도서관이 자리 잡고 있다. 1933년 5월 구도서관 앞 오페라 광장(베벨 광장의 옛 이름)에서 히틀러에 의해 도서관의 장서 중 2만여 권이 불태워졌다.

1994~1995년 광장의 책을 태웠던 이 자리에 분서사건을 기념하는 기념물이 만들어졌다. 그 한쪽에 쓰인 글은 다음과 같다.

1933년 5월 10일 이 광장의 한가운데에 나치 사상에 물든 학생들이 작가, 저널리스트, 철학자 그리고 학자들의 저술을 대량 불태웠다.
In der Mitte dieses Platzes verbrannten am 10. Mai 1933 nationalsozialistische Studenten die Werke hunderter freier Schriftsteller, Publizisten, Philosophen und Wissenschaftler.

바로 그 옆에 이 대학의 선배이기도 한 하이네의 다음과 같은 말이 새겨져 있다.

이는 서막에 불과했다. 책을 불태운 그 자리에 그들은 결국 인간을 불태울 것이다.
Das war ein Vorspiel nur, dort wo man Bücher verbrennt, verbrennt man am Ende auch Menschen.

하이네는 마치 나치의 유대인 학살을 예언하듯 1821년에 완성된 그의 비극

「알만조르Almansor」(1823)에 이 말을 썼다.

훔볼트 대학 법대 도서관에 동독 시절 만든 스테인드글라스가 있는데, 여기에 레닌, 마르크스, 엥겔스의 얼굴이 보인다. 이들이 이곳 훔볼트 대학에서 공부한 것을 기념하는 것이다.

베를린 모더니즘 주택단지 Berliner Siedlungen der Moderne   베를린 모더니즘 주택단지는 베를린에 있는 6개의 주택단지로, 바이마르 공화국 시대의 주택정책을 보여 준다. 브루노 타우트Bruno Taut, 마르틴 바그너Martin Wagner, 발터 그로피우스 등의 건축가들이 이 프로젝트를 주도하였다.

노이에 지나고게 Neue Synagoge   19세기 중반에 베를린의 유대인 공동체가 급성장하여, 1860년경에는 2만 8000명의 유대인이 베를린에 살고 있었다. 오늘날의 베를린 유대인 사회는 독일에서 가장 큰 유대인 공동체이다.[6] 옛 유대인 회랑의 공간이 부족해지자 개축하여, 1866년 노이에 지나고게가 완성되었다. 회랑의 윗부분인 반구 천장을 도금하여 멀리에서도 눈에 띈다.

---

6   Renate Luscher(1998), 앞의 책, 61쪽 이하 참조.

16. 메클렌부르크포어포메른Mecklenburg-Vorpommern 주

메클렌부르크포어포메른 주는 동독에 속해 있던 주로, 폴란드와 접해 있다. 메클렌부르크포어포메른 주의 인구밀도와 경제력은 독일 내에서 가장 저조하다. 그러나 온화한 기후와 원시 자연을 그대로 간직하고 있는 곳이다. 독일의 16개 국립공원 중 3개가 메클렌부르크포어포메른 주에 속해 있으며, 대략 600개 정도의 섬과 650개의 호수가 있다. 대표적인 관광지는 뮈리츠 호수와 독일에서 가장 큰 뤼겐 섬이다. 이곳은 자연보호지구, 자연경관 보호지구, 국립공원, 생물 서식 보호지역이 있는 천혜의 자연조건을 갖춘 휴양지로 각광받고 있다.

주도: 슈베린Schwerin

통일이 되기 전에는 동독에 속해 있었던 슈베린은 독일연방의 주도 중에서 가장 작다. 슈베린의 인구는 약 10만 명이며 슈베린에는 7개의 호수가 있다.

슈베린 성 Schweriner Schloss　　　슈베린 호Schweriner See와 부르크 호Burgsee 사이의 섬에 자리 잡고 있는 슈베린 성은 메클렌부르크 대공이 973년에 건축한 것이다. 이 성은 북쪽의 노이슈반슈타인이라 불린다. 오랜 기간 동안 증축과 개축을 했기에 여러 가지 양식이 혼재한다. 현재 이 성의 일부는 박물관으로, 일부는 주의회 의사당으로 쓰이고 있다. 슈베린 성에는 부르크 정원Burggarten과 슐로스 정원Schlossgarten이 있다.

슈베린 성 앞의 축제
© Schwerin Stadtmarketing Gesellschaft mbH

● 로스토크Rostock

메클렌부르크포어포메른 주의 주도는 슈베린이지만 이 주에서 가장 큰 도시는 로스토크이다. 인구 20만의 로스토크는 발트 해에 면해 있는 도시로, 동독 시절 최대의 항구도시였다. 조선업, 선박업과 관광업 등이 활발하다. 로스토크의 북쪽 부분에 위치한 바르데뮌데Wardemünde는 해수욕장이자 주요 항구이다.

이 도시의 가장 유명한 건물은 13세기의 건축 양식을 보여 주는 마리엔 교회이다. 마리엔 교회는 1427년에 만들어진 천체 시계를 소장하고 있다. 그리고 독일에서 세 번째 그리고 북유럽에서 가장 오래된 대학이 있다.

● 그뤼네스 반트Grünes Band

그뤼네스 반트는 예전 서독과 동독의 국경선 사이에 있는 총 1,400km에 달하는 자연보호Naturschutzprojekt 지역이다. 이 지역의 개발은 우리나라 DMZ 개발에 시

사하는 바가 크다. 그 크기는 발트 해의 트라베뮌데에서 바이에른, 헤센, 튀링
겐, 그리고 바이에른 주가 만나는 지역 드라이랜더에크Dreiländereck까지이다.

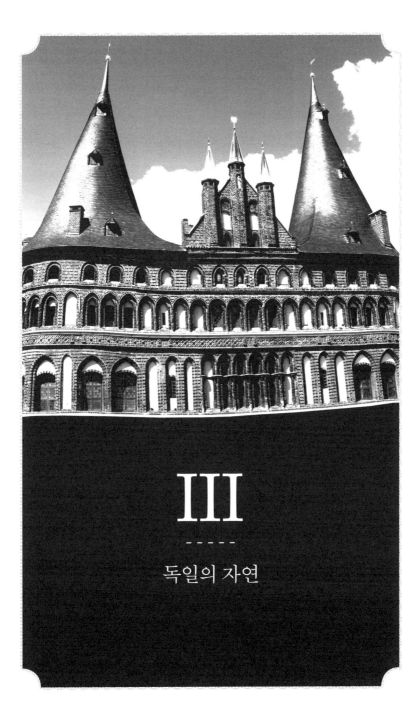

III

— — — — —

독일의 자연

1. 산맥 그리고 산Gebirge und Berg

독일의 중부 지역에는 라인 산맥Rheinisches Schiefergebirge, 니더작센 산악지대 Niedersächsisches Bergland, 헤센 산악지대Westhessisches Bergland, 튀링겐-프랑켄 중간산악지 대Thüringisch-Fränkisches Mittelgebirge, 하르츠 산맥Harzgebirge, 뵈멘 산악지대Böhmische Masse가 있다.

남부 지역에는 바이에른 알프스Bayerische Alpen, 베르히테스가덴 알프스Berchtesgadener Alpen, 알고이 알프스Allgäuer Alpen를 포함한 바이에른 알프스 지대가 있다. 그리고 베터슈타인 산맥Wettersteingebirge, 체코와 국경에 접하고 있는 에르츠 산맥Erzgebirge, 피히텔 산맥Fichtelgebirge 그리고 슈바벤의 알프Schwäbische Alb 등이 있다.

알고이 알프스의 호흐프로트슈피체 Hochfrottspitze   알고이 알프스는 독일과 오스트리아에 걸쳐 있는 산맥으로, 이곳을 대표하는 산은 2,648.8m 높이의 호 흐프로트슈피체, 2,645m의 매델레가벨Mädelegabel, 2,599m의 비버코프Biberkopf이다. 호흐프로트슈피체는 알고이 알프스 중 독일에 속해 있는 산으로서는 가장 높은 산이다. 매델레가벨은 등산객이 많이 찾는 유명한 산으로, 1959년부터 산꼭대 기에 나무로 된 십자가가 꽂혀 있다.

베터슈타인 산맥의 추크슈피체^{Zugspitze}   베터슈타인 산맥은 독일과 오스트리아 사이에 있는 산맥으로 간단히 베터슈타인이라 부르기도 한다. 이 산맥은 등산가들에게 이상적인 곳으로 꼽히고 있다. 그중 가장 높은 산은 추크슈피체로, 독일에서 가장 높다.

추크슈피체는 오스트리아, 독일, 이탈리아와 스위스의 4개국에 걸쳐 있는 알프스 산맥의 산봉우리 중 독일에 해당되는 곳이다. 추크슈피체에서는 여름에도 만년설을 볼 수 있다. 베터슈바인 산맥에서 추크슈피체 다음으로 높은 산은 호흐반너^{Hochwanner}로, 그 높이가 2,744m이다. 추크슈피체의 기슭에 가르미슈-파르텐키르헨^{Garmisch-Partenkirchen}이라는 작은 도시가 있다. 이 도시는 국제적으로 잘 알려진 휴양지이다.

그 외의 산맥과 산   바이에른에 있는 바이에른 발트^{Bayerischer Wald}에서 가장 높은 산은 그로서 아르버^{Großer Arber}로 높이가 1,456m이다. 작센 주에는 에르츠 산맥이 있는데 가장 높은 산은 카일베르크^{Keilberg}이다. 하르츠 산맥의 가장 높은 산은 괴테의 『파우스트』에도 나오는 브로켄 산^{Brockenmassiv}으로 그 높이는 1,142m이다. 바이에른 주의 피히텔 산맥에서 가장 높은 산은 슈네베르크^{Schneeberg}로 그 높이는 1,053m이다.

2. 강^{Fluss}

라인 강^{Rhein Fluss}　　라인 강은 중부 유럽 최대의 강으로 길이가 대략 1,232.7km에 달하고, 그중에서 695.5km가 독일을 가로지른다. 라인 강은 스위스의 토마^{Toma} 호에서 발원하여 보덴 호로 합류하다가 네덜란드에 이르는 강으로, 독일에서 흐르는 부분이 가장 길어 독일의 상징으로 여겨진다.

빙겐^{Bingen}의 북서쪽 협곡을 흐르는 곳을 중부 라인이라 하는데, 빙겐에서부터 코블렌츠^{Koblenz} 사이에는 옛 성과 포도원을 비롯하여 로렐라이의 바위 등 아름다운 풍경이 이어져 세계적으로 알려진 관광 코스이다. 마인, 네카어, 루르 그리고 모젤 강이 라인 강의 지류이다.

도나우 강^{Donau Fluss}　　도나우 강은 영어로는 다뉴브 강으로, 소련의 볼가 강 다음으로 긴 강이다. 슈바르츠발트에서 발원하여 오스트리아를 관통하는 강으로 동유럽을 거쳐 흑해로 흘러가는 강이다. 뮌헨을 흐르는 이자르 강, 아우크스부르크의 레흐^{Lech} 강이 도나우 강의 지류이다.

도나우 상부
© Rainer Kiedrowski/
Deutsche Zentrale für Tourismus e.V.

엘베 강^{Elbe Fluss}　　엘베 강은 프라하에서는 몰다우 강으로 불린다. 독일과 체코의 국경을 이루는 리젠Riesen 산맥에서 발원하여 브레멘을 거쳐 함부르크에서 북해로 흘러가는 강이다. 베를린을 관통하고 있는 슈프레 강, 포츠담으로 흘러가는 하벨 강이 엘베 강의 지류이다.

오데르 강 Oder Fluss　　　오데르 강은 체코 북부에서 시작하여 폴란드의 슐레지엔 지방의 서북으로 흘러 발트 해로 들어간다.

베저 강 Weser Fluss　　　베저 강은 독일 북서 지역을 흐르는 강으로, 베라Werra 강과 풀다 강이 합류해 이루어졌으며 총 길이는 452km이다.

자르 강 Saar Fluss　　　자르 강은 프랑스의 도농Donon 산에서 출발하여 독일의 자를란트와 라인란트팔츠 주를 지나 콘츠Konz에서 라인 강의 지류인 모젤 강으로 합류하는 총 235km에 이르는 강이다.

---

3. 호수See

독일의 대표적인 호수는 다음과 같다.

보덴 호 Bodensee　　　보덴 호는 독일, 프랑스 그리고 스위스에 걸쳐 있는 호수로, 독일 지역에서는 바덴뷔르템베르크 주에 속한다. 그 깊이가 251m로 독일에서 가장 깊으며, 면적은 536km²에 달하여 독일에서 가장 큰 호수이다. 로마

바르톨로메 교회와 쾨니히 호
© Bayerische Seenschifffahrt GmbH

킴 호의 프라우엔인젤
© Deutsche Zentrale für Tourismus e.V.

의 황제 콘스탄티우스 클로루스^{Constantius Chlorus}의 이름에서 유래하여 콘스탄스 호 ^{Lake Constance}로 알려졌으나, 독일어권에서는 보덴 호라 한다. 보덴 호의 콘스탄츠 항구에 있는 9m 높이의 임페리아^{Imperia}상이 유명하다. 이 상은 1933년에 세워져 1414~1418년의 콘스탄츠 공의회를 풍자하고 있다. 임페리아는 창녀로, 그녀의 오른손에는 벌거벗은 황제가, 왼손에는 벌거벗은 교황의 상이 놓여 있다.

킴 호^{Chiemsee}, 쾨니히 호^{Königsee}와 슈타른베르크 호^{Starnbergsee}　　킴 호, 쾨니히 호 그리고 슈타른베르크 호는 바이에른에 있는 빙하호이다. 킴 호는 넓이가 79.9km²에 달하며 독일에서 세 번째로 큰 호수이다. 킴 호는 헤렌인젤^{Herreninsel}, 프라우엔인젤 ^{Fraueninsel} 그리고 크라우트인젤^{Krautinsel} 등의 섬으로 나뉜다.

쾨니히 호는 190m 깊이로 독일에서 세 번째로 깊다. 슈타른베르크 호는 가장 깊은 곳이 127.7m에 달하여 독일에서 보덴 호 다음으로 깊은 호수이며, 다섯 번째로 큰 호수이다. 이 호수는 바이에른 왕국의 루트비히 2세가 1886년 익사한 곳으로도 유명하다.

뮈리츠 호Müritzsee　　　뮈리츠 호는 메클렌부르크포어포메른 주에 있는 호수로 넓이가 112.6km²로, 독일에서 두 번째로 큰 호수이다.

---

4. 삼림Wald

독일은 국토의 1/3이 삼림으로 이루어져 있다. 19세기 초부터 시, 동화 그리고 낭만주의의 전설 속에서 삼림은 메타포나 동경하는 풍경으로 묘사되었다. 독일의 낭만주의 시인 아이헨도르프Joseph von Eichendorf는 독일의 삼림을 도시와 대립된 이상적 공간 또는 누미노제Numinose(성스러움)를 느낄 수 있는 공간으로 묘사하였다. 또한 19세기 초부터 시작된 여행, 독일 청소년 운동Jugendbewegung, 카를 피셔Karl Fischer가 창립한 반더포겔운동Wandervogel 등에서 삼림을 독일 자연의 중요한 요소를 찾을 수 있는 곳으로 간주하였다.

그중 바이에른 발트, 작센 슈바이츠 공원 그리고 훈스뤼크-호흐발트 공원은 국립공원으로 지정되었다.

슈프레발트Spreewald　　　슈프레발트는 브란덴부르크 주의 남동쪽에 있다. 이 지역은 200개의 수로Fliesse, 목초지와 늪지대 그리고 무성한 오리나무 숲과 소나무

숲으로 이루어져 가장 큰 관광지이며 휴양지로 손꼽힌다. 이곳은 1991년부터 유네스코에 의해 생물권 보호지역으로 지정되어 있다. 슈프레발트 지역은 슈프레나이세Spree-Neiße, 다메슈프레발트Dahme-Spreewald 지역과 오버슈프레발트 라우지츠Oberspreewald-Lausitz에 위치하고 있다. 남쪽의 큰 오버슈프레발트 지역과 북쪽의 작은 운터슈프레발트 지역으로 구분한다.

라인하르츠발트Reinhardswald　　　　라인하르츠발트는 헤센 동북쪽에 있는 산림 지역이다. 독일의 대표적인 동화작가 그림 형제의 『잠자는 숲속의 공주Dornröschen』가 이 숲을 배경으로 하고 있다. 이곳에 아직도 공주의 자바부르크 성Schloss Sababurg이 자리 잡고 있어 많은 방문객이 찾아온다.

5. 섬Insel

발트 해의 섬: 뤼겐, 우세돔, 페마른　　　　메클렌부르크포어포메른 주에 속해 있는 뤼겐Rügen 섬은 독일에서 가장 큰 섬이다. 2km 길이의 뤼겐 다리를 지나면 독일 북부의 항구도시 슈트랄준트Stralsund에 도달한다. 뤼겐 섬은 백악암으로 유명한데, 독일의 낭만파 화가 다비드 프리드리히가 「뤼겐 섬의 백악암Keridefeseln auf Rügen」(1818)을 그려 유명해졌다. 이 그림은 스위스 취리히 주의 도시 빈터투어Winterthur의 오스카 라인하르트Oskar Reinhart 박물관에 전시되어 있다.

우세돔Usedom은 발트 해에 면한 독일에서 두 번째로 큰 섬으로 고급 휴양지이

뤼겐 섬 아스문트 국립공원 내 석회암 해안
© Hans R. Uthoff
질트 섬 붉은 절벽
© Olaf Vernunft/Deutsche Zentrale für Tourimus e.V.

다. 페마른Fermarn은 뤼겐, 우세돔에 이어 독일에서 세 번째로 큰 섬으로 슐레스비히홀슈타인에 속해 있다. 이 섬의 주요 산업은 농업과 관광업이다.

　　북해의 섬: 헬골란트, 북프리슬란트 제도, 할리겐　　헬골란트Helgoland는 원래 하나였지만, 1729년 폭우로 끊어져 삼각형 모양의 헬골란트 섬과 뒤네Düne 섬으로 이루어져 있다. 질트Sylt는 독일에서 네 번째로 큰 섬으로, 북해 해안을 따라 수 km의 모래사장이 이어진다. 북프리슬란트 제도Nordfriesische Inseln(암룸Amrum, 피르Föhr, 질트, 펠보름Pellworm)는 슐레스비히홀슈타인 바텐메어 국립공원으로 둘러싸여 있다. 북프리슬란트 제도 옆에 할리겐Halligen 섬이 자리 잡고 있다.

　　보덴 호의 린다우 섬, 마이나우 섬 그리고 라이헤나우의 수도원섬　　린다우는 '보덴 호안의 린다우Lindau im Bodensee'라고 하며, 인구 2만 5000명의 도시이다. 이곳에서 매년 노벨상 수상자들의 회의와 심리요법 주간이 개최된다. 여름에 개최되는 심

마이나우 섬의 바로크 성과
성 마리엔 교회
ⓒ Mainau GmbH

리요법 주간에는 4,000명의 치료 전문가들과 분석학자들이 참가한다.

마이나우Mainau 섬은 아름다운 꽃으로 장식된 이탈리아식 정원이 조성되어 있어 꽃섬이라 불린다. 매년 백만 명 이상의 관광객이 방문한다.

라이헤나우 수도원Das Kloster Reichenau은 보덴 호 안에서 가장 큰 섬인 라이헤나우에 있는 베네딕트 수도원을 말한다. 이 수도원은 724년에 설립되었다. 이 섬에는 미텔첼Mittelzell 지역의 성모 마리아 교회, 성 마커스 교회, 오버첼Oberzell의 성 게오르그 교회, 니더첼Niederzell의 성 베드로 교회와 성 바울 교회가 있다. 이곳에 보존된 교회의 건축물은 중세 초기 유럽 수도원의 정수를 보여 주어 유네스코 세계문화유산에 등재되어 있다.

킴 호의 헤렌인젤, 프라우엔인젤 그리고 크라우트인젤　킴 호에는 헤렌인젤, 프라우엔인젤 그리고 사람이 살지 않는 크라우트인젤이 있다. 헤렌인젤에는 헤렌킴 호

성Schloss Herrenchiemsee이 유명하다. 이 성은 루트비히 2세가 베르사유를 모방하여 지은 성이다.

프라우엔인젤에는 250명의 주민이 거주하고 있다. 이곳에 772년 타실로Tassillo 3세가 프라우엔뵈르트Frauenwörth 수도원을 설립하였다. 그 후 1836년 루트비히 1세가 이 수도원을 베네딕트 수도원을 위한 수녀 교육기관으로 새롭게 단장하였다.

6. 국립공원Nationalpark

국립공원은 보호받을 가치가 있는 희귀동물이나 아름다운 자연환경이 사람들에 의해 해를 입지 않도록, 국가가 자연환경보호법에 따라 보호지역으로 지정해 놓은 곳이다. 독일에는 총 16개의 국립공원이 있다.

하르츠 국립공원 Nationalpark Harz　　　　하르츠 국립공원은 적설량이 많아 동계 스포츠의 명소로 알려져 있다. 하르츠 산맥의 최고봉은 1,142m의 브로켄Brocken 산이다. 브로켄 산은 괴테의 작품 『파우스트』에서 마녀들이 모여 연회를 열었던 장소이기도 하다. 브로켄 산 정상은 안개가 자욱하여 희미하게 보이는 경우가 많다. 이로 인해 마녀와 관련된 전설들이 생겨났으며, 이를 바탕으로 중부 유럽의 축제인 발푸르기스의 밤Walpurgisnacht이 시작되었다. 이 축제의 이름은 성 발푸르가Walpruga에서 유래하는 것으로, 그의 축일은 5월 1일이며, 그 전야제인 4월 30일에 발푸르기스의 밤이 개최된다. 브로켄 산까지 가는 130km의 협궤열차가 있어 브

야스문트 국립공원 쾨니히스슈툴
© Peter Lehmann/Zentrum Königsstuhl Sassnitz gGmbH

하이니히 국립공원
© Biehl Ruediger/Nationalpark Hainich

로켄 산악지대의 소도시를 돌아볼 수 있다.

뮈리츠 국립공원 Nationalpark Müritz　　　독일 메클렌부르크포어포메른 주의 남쪽에 있는 뮈리츠 국립공원은 1990년 9월 12일에 국립공원으로 지정되었다. 전체 면적은 318km²으로, 전체 면적 가운데 65%가량이 숲이다. 국립공원 내에는 총 100개 정도의 호수가 있고, 뮈리츠 호가 가장 큰 호수이다. 이 지역은 다른 곳에서는 멸종된 희귀한 새들의 서식지로 유명하다. 국립공원의 동쪽에 위치한 제란Serrahn에는 야생동물을 더 자세히 관찰할 수 있는 지점이 별도로 마련되어 있다. 하벨 강에서는 카누도 탈 수 있다.[1]

야스문트 국립공원 Nationalpark Jasmund　　　야스문트 국립공원은 메클렌부르크포어포메

1　독일 관광청 www.germany.travel 참조.

른 주의 뤼겐 섬 북동쪽에 위치한 국립공원이다. 1990년 9월 12일에 국립공원으로 지정되었으며 독일에서는 가장 작은 국립공원이다. 이곳에서 가장 유명한 곳은 '왕좌'라는 뜻의 쾨니히스슈툴Königsstuhl과 그를 둘러싼 석회암 절벽이다. 이곳에서 발트 해와 주변 경관을 잘 볼 수 있다. 쾨니히스슈툴은 1715년 스웨덴의 왕 카를 12세가 이곳에서 덴마크군과의 해전 후 지쳐 왕좌를 가져오게 하여 그 이름이 붙여진 것이라고 한다.

포어포메른 보덴란트샤프트 국립공원 Nationalpark Vorpommersche Boddenlandschaft　　메클렌부르크포어포메른 주에 위치한 포어포메른 보덴란트샤프트 국립공원은 1990년 10월 1일에 국립공원으로 지정되었다. 전체 면적은 805km²로, 이 지역의 1/4 정도는 여러 석호가 모여 있는 다르스-칭스터 보덴케테Darß-Zingster Boddenkette와 베스트뤼게너 보덴Westrügener Bodden으로 이루어졌다. 가을에 찾아오는 검은 두루미가 눈에 띈다.

아이펠 국립공원 Nationalpark Eifel　　아이펠 국립공원은 2004년 1월 1일에 노르트라인베스트팔렌 주의 국립공원으로 지정되었다. 전체 면적은 110km²로, 전체의 2/3가 사람의 발길이 닿지 않는 순수한 자연 상태이다. 이 국립공원에는 중간산악지대의 산성 토양에서 잘 자라고 대서양 기후의 영향을 받는 최초의 너도밤나무 숲 보호구역이 있다.

하이니히 국립공원 Nationalpark Hainich　　하이니히 국립공원은 튀링겐 주에 있으며, 1997년 12월 31일 국립공원으로 지정되었다. 유럽 최대 규모의 혼합낙엽수림 지역으로, 중부 독일의 원시림이라 불린다. 이곳의 명물은 800년 된 것으로 추정되는 참나무와 돌십자가이다. 높이 44m에서 공원을 전망하며 산책할 수 있는 구조물인 캐노피 워크가 있다.[2]

북해 연안의 국립공원들　　　　　　슐레스비히홀슈타인 바텐메어 국립공원 Nationalpark Schleswig-Holsteinisches Wattenmeer 은 니더작센 바텐메어 국립공원 Nationalpark Niedersächsisches Wattenmeer, 함부르크 바텐메어 국립공원 Nationalpark Hamburgisches Wattenmeer 과 함께 북해 연안을 따라 조성된 국립공원이다. 슐레스비히홀슈타인 바텐메어 국립공원은 1985년부터 국립공원으로 지정되었다. 이곳의 갯벌은 지구 최대 규모로 유명하다. 퇴닝 Töning 에 있는 물티마 바트포룸 Multima Wattforum 은 슐레스비히홀슈타인 바텐메어 국립공원의 갯벌 학습원이다.

니더작센 바텐메어 공원은 1986년에 국립공원으로 지정되고, 1992년에는 유네스코 지정 국제 동식물 서식지 보호구역으로 지정되었다. 함부르크 바텐메어 국립공원은 1990년부터 유네스코 지정 국제 동식물 서식지 보호구역으로 지정되어 있다. 이 국립공원은 중앙유럽 최대의 규모이다. 이곳에서는 가이드를 따라 산책을 하거나 철새와 특이한 식물 등을 관찰할 수 있다.

슈바르츠발트 국립공원 Nationalpark Schwarzwald　　　　　슈바르츠발트 국립공원은 독일 바덴뷔르템베르크 주의 숲과 산악지대로, 그 면적이 3,940km²에 달하는 독일 최대의

2　독일 관광청 www.germany.travel 참조.

국립공원이다. 숲이 울창하여 검은 숲(슈바르츠발트)이라 불린다. 가장 높은 봉우리는 1,493m의 펠트베르크Feldberg이다. 국립공원 안에는 오크, 너도밤나무, 전나무 등의 나무가 심어져 있다. 슈흐 호Schuchsee, 티티 호Titisee 그리고 펠트 호Feldsee 등의 호수와 온천이 많고 겨울에는 스키장이 개장되어 관광지로 유명하다. 슈흐 호가 슈바르츠발트 내 가장 큰 호수이고, 티티 호는 슈바르츠발트에서 가장 매력적인 호수이다.

슈바르츠발트의 유명한 토산품은 뻐꾸기 시계이다. 슈나흐바흐Schnachbach라는 곳의 엘베 시계공원Uhrenpark Elbe에 있는 시계는 기네스북에 세계 최대 크기의 뻐꾸기 시계로 등재되어 있다.

켈러발트에더제 국립공원 Nationalpark Kellerwald-Edersee　켈러발트에더제 국립공원은 독일 헤센 주에 속한 국립공원으로 전체 면적은 57.24km²이며, 2007년 2월 1일에는 유네스코 지정 세계자연유산으로 선정되었다. 국립공원 전체 면적 가운데 75%

켈러발트에더제 국립공원 타이흐만 캠핑장

는 사람의 출입을 엄격히 금하고 있다.

베르히테스가덴 국립공원 Nationalpark Berchtesgaden　베르히테스가덴 국립공원은 바이에른 주의 국립공원으로, 독일에서 유일하게 알프스 산맥에 있는 국립공원이다. 이곳의 최고봉은 2,713m의 바츠만Watzmann으로, 이 산은 독일에서 추크슈피체 다음으로 높은 산이다.

관광객들은 예너 케이블카Jenner Bahn를 타고 예너 산의 1,800m까지 올라가서 전망을 즐길 수 있다. 국립공원의 명소는 독일에서 가장 오랜 역사를 자랑하는 베르히테스가덴 소금광산, 바츠만 온천, 베르히테스가덴 성, 마르크트셀렌베르크Marktschellenberg 얼음동굴, 1999년에 개관된 도쿠멘타치온 오버잘츠베르크Dokumentation Obersalzberg 박물관, 1,881m 높이에 위치한 베르히슈타인 산의 산장인 켈슈타인하우스Kehlsteinhaus 등이다.

작센 슈바이츠 국립공원 Nationalpark Sächsische Schweiz　작센 슈바이츠 국립공원의 원래 이름은 바스타이Bastei 국립공원으로, 작센 스위스 지방의 드레스덴 인근에 위치한다. 18세기에 스위스 출신의 화가 아드리안Adrian Zingg과 안톤 그라프Anton Graff가 이 산이 고향인 스위스의 유라Jura 산맥과 비슷한 모습을 하고 있다고 생각해, 작센의 슈바이츠(스위스)라 부르기 시작했다.

작센 슈바이츠 국립공원은 드레스덴 동쪽에 위치한다. 1990년 10월 1일에 국립공원으로 지정되었다. 전체 면적은 93.5km²이다. 이곳은 숲과 사암 절벽이 어우러진 절경을 자랑한다.

작센 슈바이츠 바스타이 다리
© Dresden Marketing GmbH

바이에른 발트 국립공원 Nationalpark Bayerischer Wald   바이에른 발트 국립공원은 독일 바이에른에 소재하며, 1970년 10월 7일 독일에서 처음으로 국립공원으로 지정되었다. 공원 내에 멸종 위기에 처한 동물들이 서식하고 있다. 또한 300km 이상의 트래킹 코스가 조성되어 있으며, 빙하호인 라헬 호Rachelsee가 있다.

운테레스 오데르탈 국립공원 Nationalpark Unteres Odertal   운테레스 오데르탈 국립공원은 독일 브란덴부르크 주의 북동쪽에 위치한 국립공원이다. 1995년에 국립공원으로 지정되었다. 풍부한 목초지와 오데르 강 주변의 습지가 있어 새들에게 좋은 안식처를 제공하기 때문에 철새와 희귀조류들이 많이 서식하고 있다. 1만 3000마리가 넘는 두루미 떼가 가을에 오데르탈에 있는 보금자리로 날아오는 모습을 보는 것도 특별한 경험이 된다. 강을 따라 자전거와 트래킹 투어도 즐길 수 있다.

훈스뤼크-호흐발트 국립공원 Nationalpark Hunsrück-Hochwald   훈스뤼크-호흐발트 국립공원은 라인란트팔츠와 자를란트 주에 있는 국립공원이다. 독일의 16번째 국립공원으로 훈스뤼크 산맥에 자리하고 있다. 이곳에서 가장 높은 지대는 호흐발트와 766.2m 높이의 이다르발트Idarwald이다. 816.32m 높이의 에르베스코프Erbeskopf에 있는 초석이 훈스뤼크-호흐발트의 상징이다.

IV

독일의 문화와 예술

1. 작가, 예술가 그리고 철학자

작 가

독일의 대표적인 작가는 다음과 같다.

괴테Johann Wolfgang von Goethe   독일이 자랑하는 시인이자 극작가이며 학자인 괴테 (1749~1832)는 청년기에는 독일의 슈트름 운트 드랑Sturm und Drang(질풍노도)을, 중년기 이후에는 고전주의를 대표했던 작가이다.

그의 슈트름 운트 드랑 시대의 대표적인 작품은 중세의 기사를 주인공으로 한 희곡 「괴츠 폰 베를리힝겐」(1773)과 서간체 소설 『젊은 베르테르의 슬픔』(1774)이다.

24세의 괴테를 유명 작가로 만든 『젊은 베르테르의 슬픔』의 줄거리는 다음과 같다. 발하임Wahlheim으로 이주하게 된 베르테르는, 어머니를 여의고 8명의 동생들을 돌보는 샤를로테Charlotte가 빵을 나누어 주는 모습을 보고 그녀를 사랑하게 된다. 그러나 베르테르는 로테에게 알베르트Albert란 약혼자가 있다는 것을 알게 되면서 갈등하다가, 결국 그에게 빌린 총으로 자살하고 만다. 이 작품이 발표되고 나서 괴테는 명성을 얻었지만, 많은 이들이 베르테르처럼 자살하는 사건이 발생한다. 이 사건이 발생한 후 평소 존경하던 이가 사망할 경우 자신과 동일시해서 자살하는 현상을 '베르테르 효과'라는 용어로 표현하게 되었다.

괴테는 1786년 9월 이탈리아로 출발해 1788년 5월에 바이마르에 돌아오기까지의 20여 개월 동안 이탈리아의 자연, 예술 그리고 사람들을 체험한 후 고전주의 세계를 확립하였다. 괴테는 귀국하여『로마의 비가^{Römische Elegie}』(1788~1790)를 완성한다. 그리고 그는 30년 후에, 이탈리아에서의 체험을『이탈리아 기행』(1813~1817)으로 완성하였다.

괴테의 또 다른 작품에는 고대 그리스 전설을 소재로 한 희곡「타우리스의 이피게니에^{Iphigenie auf Tauris}」(1787)와 장편소설『빌헬름 마이스터의 수업시대^{Wilhelm Meisters Lehrjahre}』(1795~1796) 그리고『빌헬름 마이스터의 편력시대^{Wilhelm Meisters Wanderjahre}』(1829)가 있다.

「타우리스의 이피게니에」의 줄거리는 다음과 같다. 트로이로 출정하면서 아가멤논은 자신의 딸 이피게니에를 제물로 바친다. 이피게니에는 아르테미스^{Artemis} 여신에 의해 구출되어 야만족의 나라 타우리스에서 여사제로 살아간다. 이피게니에는 토아스 왕의 청혼을 거절하고, 고향을 그리워하며 살아가고 있다. 이피게니에의 동생인 오레스트^{Orest}는 아이기스토스^{Aegisthus}와 공모하여 아버지를 독살한 어머니 클리타임네스트라^{Klytaimnestra}를 살해하고, 필라테스와 함께 타우리스로 도망을 온다. 아폴론의 신탁에 따라 오레스트는 '누이'를 그리스로 데려와야 한다. 그는 아르테미스 신상을 훔치려다 발각되어 이피게니아와 서로 남매인 것을 알게 된다. 남매는 아르테미스상을 훔쳐 도망을 가려다, 결국 왕에게 자백한다. 왕은 그들을 용서하고 고향으로 돌려보낸다. 여기에서 오레스트는 신탁에서 말하는 '누이'가 아폴론의 누이 아르테미스가 아니라, 자신의 누이 이피게니에인 것을 알게 된다. 그들이 진실을 고백하면서 오레스트의 모친 살해의 저주가 없어진다.

『빌헬름 마이스터의 수업시대』에 대해 독일의 평론가인 프리드리히 슐레겔Friedrich Schlegel이 "프랑스 대혁명과 피히테의 인식론, 괴테의『마이스터』는 이 시대의 가장 큰 흐름을 보여 주는 경향이다"라 할 정도로 괴테의『빌헬름 마이스터의 수업시대』는 독일의 문학세계에 많은 영향을 미쳤다.『빌헬름 마이스터의 편력시대』는 여러 개의 독립된 이야기로 구성되어 있다.

자연과학에 관심을 가지고 있던 괴테는 자연과학적 모티브를 지닌『친화력Die Wahlverwandschaft』(1809)을 발표한다. 노년에 들어선 괴테는 유년시절부터 바이마르로 이주할 때까지의 자신의 발전과정을 적은『나의 생애에서, 시와 진실Aus meinem Leben, Dichtung und Wahrheit』(1811~1814)을 발표하였다. 그의『서동시집West-Östlicher Divan』(1819)은 페르시아의 시인 하피스Hafis의 시를 알게 되면서, 이에 자극을 받아 쓴 작품으로 총 12권으로 구성되어 있다.

괴테의 말년작은『빌헬름 마이스터의 편력시대』와 세계 문학사상 불후의 명작인『파우스트』(1831)이다. 2부로 구성된『파우스트』의 1부는 그레첸Gretchen 비극이며, 2부에서는 중세의 화폐 발견, 헬레나 비극, 인조인간 호문쿨로스Homunclus의 탄생, 그리고 간척지를 개간하는 등의 파우스트의 활동이 전개된다.

실러Johann Christoph Friedrich von Schiller 실러(1759~1805)는 괴테와 함께 고전주의를 완성

한 작가이다. 그는 네카어 강변의 마르바흐에서 태어나, 카를 오이겐 공의 카를 학교에서 법학과 의학을 공부했다.

실러는 자신의 처녀작인 「군도Die Räuber」(1781)로 슈트름 운트 드랑의 대표 작가가 되었다. 권력에 항거해 개인의 자유를 수호하려는 「군도」의 내용으로 인하여, 만하임으로 망명하게 되면서 실러는 1783년부터 만하임 극장의 전속작가가 되었다. 이곳에서 실러는 역사적 사실을 소재로 한 희곡 「피에스코의 반란Die Verschwörung des Fiesco zu Genua」(1783)과 비극작품 「간계와 사랑Kabale und Liebe」(1784)을 완성하였다.

그 후 실러는 희곡작품 「돈 카를로스Don Carlos」(1787)를 발표하면서 고전주의로 전환하기 시작하였다. 「돈 카를로스」의 줄거리는 스페인의 황태자인 돈 카를로스가 스페인의 지배를 받고 있는 플랑드르(네덜란드)의 독립을 위해서 노력하다 국왕인 아버지에게 발각되어 종교재판에 회부되는 것으로 끝을 맺는다. 아버지 필립 왕과 아들 돈 카를로스의 갈등 그리고 그가 사랑했지만 자신의 계모가 되는 엘리자베트와의 개인적인 사랑의 문제와 플랑드르의 정치적 독립이 이 작품의 주요 모티브이다.

실러는 1788년 이탈리아 여행을 마치고 돌아온 괴테를 만나고, 그의 천거를 받아 1789년 예나 대학의 역사학 교수로 취임하면서 역사와 미학에 관한 논문을 발표하기 시작하였다. 도덕과 예술의 조화를 도모하는 논문 「우아와 품위에 대하여Über Anmut und Würde」(1793)와 「숭고에 대하여Über das Erhabene」(1801)가 대표적이다. 「인간의 미적 교육에 관한 서간문Briefe über die ästhetische Erziehung des Menschen」(1795)에서 실러는 인간을 조화롭게 하는 것이 예술임을 말하고 있다. 또한 문학평론 「소박

문학과 감상문학Über naive und sentimentalische Dichtung」(1795)은 미학 사상을 바탕으로 한 창작에 대한 글이다.

3부작 『발렌슈타인Wallenstein」(1799)은 실러가 30년 전쟁사를 연구하는 동안에 얻은 소재를 바탕으로 쓴 것으로 규모가 가장 큰 작품이다. 실러의 마지막 작품 『빌헬름 텔Wilhelm Tell」(1804)은 전제군주의 압제에 저항해서 개인의 권리와 자유를 되찾기 위해 국가의 독립을 쟁취한다는 내용이다.

그림 형제 Brüder Grimm　　언어학자이자 문헌학자인 야콥 그림Jakob Grimm (1785~1863) 과 빌헬름 그림Wilhelm Grimm (1786~1863) 형제는 괴팅겐 대학의 교수로 활동하였다. 두 사람의 가장 위대한 업적은 독일의 민간동화를 수집한 것이다. 이들의 작품 은 낭만주의자들에게 많은 영향을 미쳤다.

두 사람의 대표적인 작품은 『아동과 가정의 동화집Kinder- und Hausmärchen」이다. 이 작품은 16세기 해학서나 독일의 고대 민중본에서 발굴한 것을 소박한 언어로 개 작해서 만든 것이다.

야콥과 빌헬름은 공동으로 『독일의 전설Deutsche Sagen」(1816~1818)을 완성하였다. 형 야콥은 『독일의 신화Deutsche Mythologie」(1835), 『독일의 문법Deutsche Grammatik」(1837), 『독일언어학사Geschichte der deutschen Sprache」(1848)를 출간하였고, 동생 빌헬름은 『독일 의 영웅전설Die deutsche Heldensage」(1829)과 『독일어 사전Deutsches Wörterbuch」(1854)을 출간 하였다.

뷔히너Georg Büchner　　뷔히너(1813~1837)는 다름슈타트Darmstadt 근교의 고데라우

Goddelau라는 곳에서 탄생하였다. 그는 기센 대학에서 자연과학, 철학, 의학을 공부하였다. 그의 박사논문은 생선의 신경조직에 대한 것이었다.

그는 대중의 자유해방을 위한 활동을 하면서 전단지 〈헤센 급사Der Hessische Landbote〉(1834)를 농민들에게 분배하였다. 이 속에는 "판자집에 평화를! 궁궐에는 투쟁을Friede den Hütten! Krieg den Palästen"이라는 유명한 구호가 들어 있다. 그의 대표작은 「당통의 죽음Dantons Tod」(1835)과 「보이체크Woyzeck」(1837)이다.

4막으로 된 「당통의 죽음」은 1902년 베를린에서 처음으로 상연되었다. 이 작품에서 작가는 프랑스 대혁명의 역사적 사실을 소재로 취하면서, 거대한 역사 속 인간의 한계를 보여 준다. 온건파인 귀족 당통은 혁명에 회의를 품게 되고, 과격파 로베스피에르Robespierre는 당통을 반혁명 혐의로 고발하고 처형한다. 당통은 자신의 죽음을 수동적이고 냉소적으로 받아들인다.

「보이체크」는 실제로 일어난 사건을 바탕으로 만들어졌으며 미완성 작품이다. 그 줄거리는 다음과 같다. 보이체크는 가난한 병사로, 상사의 천대를 받는다. 아내 마리가 자신의 상사에게 유혹당하자 그녀를 살해하고 자신도 자살한다.[1]

토마스 만 Thomas Mann   20세기의 세계 문학을 대표하는 토마스 만(1875~1955)은 1933년 나치가 정권을 장악하게 되자 미국으로 망명하여 1944년 미국시민권을 획득하였다. 이후 1952년 유럽으로 돌아와서 스위스에 정착하였다.

그의 첫 장편소설 『부덴브로크가의 사람들』(1901)은 북독일의 한 집안의 4대

---

[1]   김명찬(2000), 연극. 실린 곳: 서울대학교 독일학연구소, 독일 이야기 I - 독일어권 유럽의 역사와 문화, 거름, 352쪽 이하 참조.

에 걸친 흥망성쇠를 다룬 작품으로, 만은 이 작품을 통해 작가로서의 지위를 굳히게 되었다. 『베네치아에서의 죽음Der Tod in Venedig』(1912)의 내용은 노년에 접어든 예술가가 베네치아로 여행을 하고, 그곳에서 한 미소년을 만나 그에 대한 사랑으로 인하여 죽음의 길로 빠져든다는 것이다.

『마의 산Der Zauberberg』(1924)은 주인공 카스트로프Castrop가 7년 동안 스위스의 다보스Davos 요양소에서 20세기 초반 유럽의 정신사에 눈을 뜨게 되는 과정이 묘사되는 일종의 교양소설이라 할 수 있다. 만은 1929년에 노벨상을 수상하였다.

장대한 장편소설 『파우스트 박사Doktor Faustus』(1947)의 줄거리는 파우스트 박사의 친구인 차이트블롬Zeitblom의 눈으로 바라본 음악가 레버퀸의 생애와 파멸을 그리고 있다. 괴테의 파우스트 신화를 이용하여 레버퀸이 악마와의 거래로 위대한 음악가가 될 수 있었음을 이야기한다.

『사기꾼 펠릭스 크룰의 고백Die Bekenntnisse des Hochstaplers Felix Krull』(1954)은 만의 자서전적 작품으로, 고백 형식을 취하고 있다. 또한 만의 마지막 작품이며 미완성작으로 남아 있다.

헤세Hermann Hesse　　　　헤세(1877~1962)는 뷔르템베르크의 작은 도시 칼프Calw에서 목사의 아들로 태어났다. 헤세는 마울브론 신학교에 들어갔으나 "시인이 되지 않으면 아무것도 되지 않겠다"는 마음을 가지면서, 학교 생활에는 적응하지 못하고 자살을 시도하는 등 어려움을 겪다가 결국 자퇴하였다. 그는 자서전적 색채가 강한 첫 소설 『페터 카멘친트Peter Camenzind』(1904)로 일약 성공한 작가로 떠올랐다.

헤세는 두 번째 장편소설 『수레바퀴 아래서Unterm Rad』(1906)로 작가로서의 입지를 다진다. 소설은 당대의 억압되고 규격화된 교육제도와 권위적인 기성세대의 과도한 기대 아래서 고민하고 상처받는 주인공을 그리고 있다. 당대의 교육제도 문제에 대한 비판으로, 입시제도로 인해 힘들어하는 우리나라 학생들의 공감을 얻을 수 있는 작품이다.

헤세의 영혼의 전기라는 평을 받는 『데미안Demian』(1919)은 헤세가 정신적 고통을 받을 때 심리 치료를 받으며 영향을 받은 융Carl Gustav Jung의 철학에 기초하고 있다. 특히 이 작품은 헤세의 대표작으로 일종의 발전소설이다. 작가는 주인공 에밀 싱클레어Emil Sinclair와 데미안의 이야기를 통해서, 젊은이들이 자신의 내면의 소리를 들으며 자신만의 길을 가야 함을 말해 주고 있다.

헤세에게 1946년 노벨 문학상을 안겨 준 작품은 그의 말년작 『유리알 유희Das Glasperlenspiel』(1943)이다. 이 작품 속에 헤세는 당대의 시대사적인 문제에 대한 혜안, 인류를 위한 이상적 교사상 그리고 교육론을 펼치고 있다.

릴케Rainer Maria Rilke   20세기 최고의 독일어권 시인 중 한 명인 릴케(1875~1926)는 프라하에서 태어나 성 푈텐St. Pölten의 육군실과학교에 입학하였으나 적응하지 못하고 1891년 중퇴하였다. 그 후 다시 린츠에 있는 상과대학에 입학했으나 곧 포기하였다. 1895년부터 프라하 대학에서 인문학을 공부하고, 1896년에는 법학으로 전공을 바꾸어 공부하다가 곧 중단하고 뮌헨으로 간다. 그곳에서 루 안드레아스 살로메Lou Andreas-Salomé를 알게 되어, 그녀와 사랑에 빠졌다. 그는 살로메의 충고로 자신의 이름 르네René를 라이너로 바꾸었다. 1899년 살로메 부부와 함께 러시아로 여행하여 러시아의 작가 톨스토이Leo Tolstoy를 만나게 되고, 1900년에는 살로메와 단 둘이서 러시아로 여행을 하게 된다. 러시아 여행은 릴케의 작품 활동에 결정적 체험을 부여하였다. 기혼자였던 살로메와의 관계는 1900년까지 계속되었다. 그 후 화가인 베스토프Clara Westhoff를 알게 되어 결혼하였다. 1902년 파리로 가 조각가 로댕Auguste Rodin에 대한 저술을 쓰고, 1905년부터 1906년까지 5개월 동안 로댕의 비서로 일하였으며, 로댕은 릴케에게 이상적인 아버지상을 새겨 주었다. 파리 시절의 체험이 『신시집Neue Gedichte』(1907)과 장편소설 『말테의 수기 Die Aufzeichnungen des Malte Laurids Brigge』(1910)로 구체화된다.

그 외 그의 작품은 『형상시집Buch der Bilder』(1902), 『두이노의 비가Duineser Elegien』(1923), 그리고 『오르페우스에게 보내는 소네트Sonette an Orpheus』(1923)가 있다. 그는 백혈병으로 사망한다. 그의 묘비에는 『두이노의 비가』 중 다음과 같은 구절이 적혀 있다.

장미여, 오 순수한 모순이여, 그 숱한 눈꺼풀 아래
아무것도 아닌 자의 잠이 되는 기쁨이여.
Rose, oh reiner Widerspruch, Lust,
Niemandes Schlaf zu sein unter soviel
Lidern.

카프카Franz Kafka　　　프란츠 카프카(1883~1924)는 유대계 출신 독일어권 작가로, 세계에 가장 널리 알려진 작가 중 하나이다. 그의 대표작은 『변신Die Verwandlung』

(1916)이다. 그 외 『유형지에서In der Strafkolonie』(1919), 『시골 의사Ein Landarzt』(1924년 간행) 그리고 장편소설 『심판Der Prozess』(1925)과 『성Das Schloss』(1926) 등이 있다.

우리나라 독자들에게 가장 많이 알려진 『변신』의 줄거리는 다음과 같다. 가족을 위해 헌신하였던 주인공 그레고르 잠자는 어느 날 불안한 꿈을 꾸다 깨어나 자신이 흉측한 해충으로 변한 것을 알게 된다. 가족들은 벌레로 변한 그를 보고 놀라워하며 두려워하고 부담스러워한다. 결국 잠자는 아버지가 던진 사과에 맞아 죽게 된다. 그가 죽자, 가족들은 그동안의 마음고생을 털고 교외로 소풍을 간다. 그의 작품은 현실 속에서 탈출구를 찾지 못하는 현대인의 불안과 소외를 표현하고 있다.

브레히트Bertolt Brecht 브레히트(1898~1956)는 표현주의에서 출발하여, 아리스토텔레스적인 전통극을 개혁하는 서사극Episches Theater 이론을 창시하였다. 그의 대표작은 「서푼짜리 오페라Die Dreigroschenoper」(1928), 「억척어멈과 그의 자식들Mutter Courage und ihre Kinder」(1941), 「사천의 선인Der gute Mensch von Sezuan」(1943) 그리고 「코카서스의 백묵원Der kaukasische Kreidekreis」(1944~1945)이다. 그는 '베를린 앙상블Berliner Ensemble'을 창설하여 자신의 작품과 연출기법을 실현하면서 전후 독일 연극의 새로운 시대를 개척하였다.

「서푼짜리 오페라」는 존 게이John Gay 의 「거지의 오페라Beggar's Opera」(1728)를 근간으로 삼고 그것을 1920년대 베를린의 지하세계의 인물들로 변형한 것이다. 브레히트는 이 작품에서 시민들의 연민을 자아내어 돈을 버는 거지 왕초 피첨Peachum, 거리에서 절도와 강도짓을 하는 매키 메서Mackie Messer 그리고 메서와 결혼하려는 피첨의 딸 폴리Polly, 그 가운데 딸의 결혼을 통해서도 이득을 취하려는 피첨 등의 모습을 통해 자본주의를 비판한다. 마지막 장면에서 여왕이 메서를 사면해 주는 것, 즉 불의가 승리를 하는 것으로 연극은 끝이 난다.

「억척어멈과 그의 자식들」은 30년 전쟁을 배경으로 삼는다. 억척어멈은 전쟁 속에서 군인들을 상대로 하여 벌어먹고 살지만, 결국 전쟁 때문에 전 재산과 아이들을 잃고 마는 여인이다. 브레히트는 관객들에게 억척어멈의 교활함과 어리석음을 보이면서 전쟁과 상업적 이윤 추구가 밀접하게 연관되어 있음을 폭로하고자 했다.

그라스Günter Grass   그라스(1927~2015)는 작가, 조각가이자 화가이다. 그는 1957년부터 47그룹에 속했다. 이 그룹은 처음에는 각자 낭독된 작품에 대해 비판하고 무명작가들을 후원하려는 목적에서 시작되었다. 이 그룹은 2차 세계대전 후의 독일 문학의 혁신이었고, 많은 작가들이 참여해 독일 내의 문화적 흐름에 영향력을 행사하는 조직으로 발전하였다. 그라스는 사회민주당의 지지자로 활동하면서 외국인 혐오증, 신나치주의 등에 반대하는 사회적인 문제에 관심을 가지고 활동하였다. 그는 1999년 노벨 문학상을 수상했다.

그의 대표적 작품으로는 『양철북Die Blechtrommel』(1959), 『고양이와 쥐Katz und Maus』(1961), 『개들의 시절Hundejahre』(1963), 『넙치Das Butt』(1977) 그리고 『암쥐Die Rättin』(1986) 등이 있다.

음악가

독일은 하이든, 모차르트, 슈베르트, 슈만, 바흐, 헨델, 베토벤, 브람스 등의 위대한 작곡가를 배출한 나라이다. 독일의 많은 국민들이 취미로 악기를 연주한다.

바흐Johann Sebastian Bach　　　음악의 아버지라 불리는 바흐(1685~1750)는 튀링겐 주 아이제나흐Eisenach에서 탄생하였다. 그는 1707년 뮐하우젠Mühlhausen에 있는 디비-블라지 교회Divi-Blasii-Kirche의 오르가니스트로 부임하면서 칸타타곡을 작곡하였다. 그리고 1708년에 바이마르에 있는 궁정예배당의 오르가니스트로 부임하면서 많은 오르간곡을 작곡하였다. 그 뒤 1717년에 쾨텐Köthen 궁정의 악장으로 부임하면서 「브란덴부르크 협주곡Brandenburgische Konzerte」과 「평균율 클라비어곡집Das wohltemperierte Klavier」을 완성하였다.

그의 대표작은 라이프치히의 토마스 교회 시절에 완성한 「요한 수난곡Johannes-Passion」(1724)과 「마태 수난곡Matthäuspassion」(1727)이다. 「요한 수난곡」은 요한복음에 기초한 것이고, 「마태 수난곡」은 마태복음에 기초하여 작곡한 것이다.

그는 200곡 이상의 칸타타와 3곡의 오라토리오를 작곡하였다. 또한 14곡의 푸가와 4곡의 카논으로 된 「푸가의 기법Die Kunst der Fuge」(1748~1749)을 완성하였다. 푸가는 전곡이 하나의 주제와 그 주제의 변형을 기초로 해서 만들어지는 기법을 말하는 것이다.

베토벤Ludwig van Beethoven　　　베토벤(1770~1827)은 본에서 태어났으나, 성인이 된 이

후 오스트리아 빈에서 살았다. 가장 잘 알려진 그의 대표작은 「교향곡 3번」(영웅), 「교향곡 5번」(운명), 「교향곡 6번」(전원), 「교향곡 9번」(합창), 「비창 소나타」 그리고 「월광소나타」이다.

베토벤은 「교향곡 9번」은 4악장에서 실러의 시 「환희에 붙여An die Freude」에 곡을 붙인 합창이 나오기에 '합창'이라는 부제를 가지고 있다.

슈베르트 Franz Peter Schubert   독일 낭만파의 작곡가 슈베르트(1797~1828)는 오스트리아의 빈 근교의 리히텐탈Lichtental에서 태어났다. 슈베르트의 작품은 13개의 교향곡, 교회음악, 실내악, 피아노곡 등이 있다.

슈베르트는 독일 가곡 리트Lied 형식의 창시자로, 600여 곡에 달하는 리트를 작곡하였다. 그중 대표작은 가곡집 「아름다운 물레방앗간의 아가씨Die schöne Müllerin」(1823)와 「겨울 나그네Winterreise」(1827)이다. 「아름다운 물레방앗간의 아가씨」는 슈베르트가 작곡하고 빌헬름 뮐러가 작사한 20개의 가곡으로 구성되어 있다. 이 작품은 방랑하는 한 젊은이가 물레방앗간 주인의 아름다운 딸을 사모하는데, 그녀는 사냥꾼과 사랑에 빠지게 되고, 슬픔에 빠진 젊은이는 시냇물에 몸을 던져 죽음을 맞이하게 된다는 내용이다. 「겨울 나그네」는 총 24개의 리트로 이루어져 있으며, 사랑에 실패한 젊은이의 우울하고 어두운 정조가 가득한 노래이다.

바그너 Richard Wagner   바그너(1813~1883)는 라이프치히에서 출생했다. 그는 라이프치히 대학에서 음악과 철학을 공부하였다. 가극 공연을 하였다가 실패하여 파리로 도피하기도 하였다. 1848년 혁명에 가담했다가 스위스로 망명하여 1858년까지 스위스 각지를 돌아다녔다. 그는 첫 번째 아내와 이혼하고 피아니스트 리스트의 딸 코지마Cosima와 결혼하면서 안정을 찾았다.

바그너의 대표작은 「방황하는 네덜란드인Der Fliegende Holländer」(1843), 「탄호이저Tannhäuser」(1845), 「로엔그린Lohengrin」(1850), 「트리스탄과 이졸데Tristan und Isolde」(1865), 「니벨룽의 반지」 중 「라인의 황금Das Rheingold」(1869), 「발퀴레Die Walküre」(1870), 「지크프리트Siegfried」(1876), 「신들의 황혼Götterdämmerung」(1876) 그리고 「파르치팔Parzival」(1882)이다.

바그너는 말년에 활동했던 바이로이트에서 바이에른의 왕 루트비히 2세의 후원을 받아 직접 바이로이트 극장을 지었다. 바이로이트 축제는 바그너가 바이로이트 극장에서 1876년 「니벨룽의 반지」를 처음 공연하면서 시작되어, 그의 아내와 후손들에 의해 계속 개최되고 있다.

철학자

칸트Immanuel Kant 칸트(1724~1804)는 쾨니히스베르크Königsberg 교외에서 태어났다. 그는 「불에 관한 연구」로 쾨니히스베르크 대학에서 철학박사 학위를 받았고, 「형이상학적 인식에 대한 첫 번째 원칙Die ersten Grundsätze der metaphysischen Erkenntnis」이라는 논문으로 교수 자격을 취득하였다.

그의 대표적 저서는 『순수이성비판Kritik der reinen Vernunft』(1781)과 『실천이성비판Kritik der praktischen Vernunft』(1788) 그리고 『판단력 비판Kritik der Urteilskraft』(1790)이다.

『순수이성비판』에서 칸트는 순수이성이 선험적 인식을 가능하게 하고, 이것이 보편타당하다고 설명하고 있다. 비판이란 그리스어로 크리노, 즉 나눈다 혹은 구분한다는 뜻이다. 칸트가 말하는 순수이성비판의 보편적 과제란 '어떻게 하여 선험적이고 종합적인 판단이 가능한가'이다.

『실천이성비판』에서 칸트는 순수적·윤리적 행위를 가능하게 하는 것과 그 원리들의 적용 범위 및 한계를 규정한다. 이 저서에서 가장 잘 알려져 있는 것은 도덕성을 판정하는 최고의 기준인 정언명법Imperativ이다. 여기서 칸트가 말하는 정언명법이란 보편법칙과 인간의 존엄성 및 중요성을 강조하는 것이다.

헤겔Georg Wilhelm Friedrich Hegel　헤겔(1770~1831)은 슈투트가르트에서 태어나, 튀빙겐 신학교에서 철학과 신학을 공부하였다. 그리고 말년에 베를린 대학에서 교수로 활동하였다. 헤겔 철학의 핵심은 절대정신absoluter Geist이다. 그의 대표적 저서는 『정신현상학Phänomenologie des Geistes』(1807)과 『미학강의Vorlesungen über die Ästhetik』(1835)이다.

『정신현상학』에서 헤겔은 우리의 의식이 감각적 확실성, 지성, 이성적 사회의식, 종교들의 여러 가지 경험을 통하여 순차적으로 변증법적 경로를 거치면서 절대지absolutes Wissen를 파악해 가는 과정을 기술하고 있다.

『미학강의』 1부는 예술과 예술의 본질을 규명하고, 2부는 고대 동방, 그리스, 르네상스, 고전주의 등의 여러 예술 형식에 대해 분석하며, 3부는 건축, 조각, 미술, 음악 그리고 시문학에 대한 분석을 하고 있다.

쇼펜하우어Arthur Schopenhauer　　　쇼펜하우어(1788~1860)는 단치히Danzig에서 태어났다. 그는 이성의 역할을 논의하고 있는 칸트 철학을 계승할 뿐 아니라 그의 철학을 넘어서 자신의 독자적 철학을 완성하고 있다. 그는 플라톤의 이념철학과 동양의 철학에서 출발하여 주관적 이상주의를 완성하고 비이성적 원칙을 세상의 근간으로 삼고 있다.

　쇼펜하우어는『의지와 표상으로의 세계Die Welt als Wille und Vorstellung』(1819)에서 세계의 모든 사물이 표상으로 드러나며, 세계는 인식하는 주관에 의해 파악된다고 설명하고 있다. 그리고 이 세계는 지성이나 주관에 의해 파악될 수 없으며 의지에 의해 끌려다니는 것이라고 설명하고 있다.

니체Friedrich Nietzsche　　　스스로 '삶의 철학자'라 칭하고 있는 니체(1844~1900)는 작센의 뢰켄Röcken에서 태어났다. 그 부모가 모두 루터 교회 성직자 집안 출신이다. 그는 본과 라이프치히 대학에서 철학을 공부하였다. 1870년 26세의 나이로 바젤 대학에서 고전 언어학 정교수가 되었다. 1873년부터 편두통이 심해지기 시작하여, 1875년에 정신적 위기가 고조되었고, 결국 교수직을 사임하였다. 1888년 니스와 제노바에 체류하였고 1889년 1월 이탈리아의 토리노에서 졸도한 후 정신병원에 입원하였으며, 1900년 8월 25일 바이마르에서 사망하였다.

　니체는 1868년 바그너를 만나고 1869년 바그너와 그의 아내 코지마를 방문하였으며 역사학자 부르크하르트Jakob Burkhardt를 만났다. 니체는 바그너의 작품에 매료되었다가 이후 바그너의 기독교적 확신을 속임수라고 판단하고, 바그너가 국수주의와 반유대주의로 빠지자 1876년에 그와 절교를 한다. 니체는 1882년 러시아 여인인 루 살로메와 만나고 사랑에 빠졌지만 그녀에게 거절당했다.

니체의 대표작은 『음악의 정신으로부터의 비극의 탄생Die Geburt der Tragödie aus dem Geiste der Musik』(1872), 『반시대적 고찰Unzeitgemäße Betrachtungen』(1876), 『인간적인, 너무나 인간적인Menschliches, Allzumenschliches』(1878), 『즐거운 학문Die fröhliche Wissenschaft』(1882), 『차라투스트라는 이렇게 말했다Also sprach Zarathustra』(1883), 『선악의 피안Jenseits von Gut und Böse』(1886), 『바그너의 경우Der Fall Wagner』(1888), 『이 사람을 보라Ecce Homo』(1908) 등이다.

『음악의 정신으로부터의 비극의 탄생』에서 니체는 서구 문학 전통의 기원인 고전 비극의 예술을 조명한다. 쇼펜하우어처럼 니체는 미학의 완전한 구현을 음악에서 찾고 있다. 그런데 그 음악은 디오니소스 찬가이며, 니체는 이것을 비극의 기원으로 정립하고 있다. 그리고 니체는 『음악의 정신으로부터의 비극의 탄생』의 3절에서 "그대는 인생이 무엇인지 알기를 원하는가?"라고 물으면서 결국 인간의 덧없음을 인식하는 현자 실레노스Silenus의 깨달음에서 비극의 기원을 찾고 있다. 즉 니체는 비극을, 인간이 지니고 있는 걱정을 무아경의 구경거리나 드라마로 전환시킨 것으로 파악하면서 파토스의 에피소드를 비극이라 정의하고 있다. 그리고 니체는 고대 그리스의 예술을 독창적이고 풍요로운 번영기로 이끌었던 조건들을 당대 독일에서 재창조할 것을 제안하고 있다.[2]

니체는 『즐거운 학문』의 3권 108절에 "신은 죽었다"는 그의 유명한 명제를 적어 놓았다. 그가 말하는 "신은 죽었다"는 당대의 종교적·도덕적 상황이 퇴폐적이기에 기독교적 신에 대한 신앙은 더 이상 유지될 수 없다는 의미이다.

---

2   J. P. 스턴(2005), 니체, 임규정 옮김, 지성의 샘, 55~65쪽 참조.

니체에게 있어서 가장 핵심 개념은 '힘에의 의지Wille zur Macht'이다. 니체는『즐거운 학문』과『차라투스트라는 이렇게 말했다』에서 '힘에의 의지'를 언급하였다. 니체는 '힘에의 의지'는 '진리에의 의지'가 아니라, '생성의 과정에서 존재의 성격을 새기는 것'이며, '세계를 사유 가능한 것으로 만들고자 하는 의지' 또는 '자아의 고양을 위한 도덕적 선택'이라고 파악한다. 그리고 니체는 '힘에의 의지'가 가장 부정적인 예를 히틀러로 보는데, 그의 경우에서 '무에의 의지Wille zum Nichts'로 나아가는 파괴성이 작용하고 있다고 파악한 것이다.[3]

화 가

뒤러Albrecht Dürer　　　독일이 자랑하는 화가이자 동판 화가이며 조각가인 뒤러(1471~1528)는 뉘른베르크에서 금 세공사의 아들로 태어났다. 그는 고향에서 도제 수업을 마치고, 1494년과 1505년 두 번에 걸쳐 베네치아로 여행을 떠나 이탈리아 르네상스를 경험하였다. 독일 미술사에서 르네상스 시대를 '뒤러 시대Dürerzeit'라고 부를 정도로, 그는 독일 르네상스를 대표하는 작가이다.

그의 초기 작품「요한 묵시록Die Offenbarung des Johannes」(1498)은 15개의 목판화로 제작된 것이다. 작품의 내용은 최후 심판에 앞선 여러 징후와 공포이다. 그의「요한 묵시록」중 가장 유명한 것은「묵시록의 네 기사Die vier apokalyptischen Reiter」이다. 이 그림에는 전쟁, 기근, 죽음과 역병을 암시하는 네 명의 기사가 활, 칼, 저울과

3　J. P. 스턴(2005), 앞의 책, 106~124쪽 참조.

창을 들고 말을 타고 달려오고, 이들의 말굽에 사람들이 밟혀 괴로워하고 있으며 하늘에는 천사가 있다.

뒤러의 동판화 「아담과 이브」(1504)는 남녀 누드의 이상적인 육체미를 표현하고 있다. 유화로 그려진 「아담과 이브」(1507)도 있는데, 이 그림은 현재 마드리드의 프라도 미술관에 있다.

뒤러는 13세부터 자화상을 많이 그렸다. 그의 「풍경이 있는 자화상Selbstbildnis mit Landschaft」(1498)은 화려한 복장을 한 자신의 모습을 그린 것으로 마드리드의 프라도 미술관에 소장되어 있다. 또 다른 자화상은 「모피코트를 입은 자화상Selbstbildnis im Pelzrock」(1500)이다. 이 자화상은 이전의 다른 자화상과는 달리 정면을 보고 있는 모습으로 그려져 있는데, 뒤러는 여기에서 자신을 예수의 모습으로 묘사하고 있다. 이 그림은 현재 뮌헨의 알테 피나코텍에 전시되어 있다.

「네 명의 사도Vier Apostel」(1526)에서는 사도 요한, 베드로, 사도 바울, 마가(독일어로는 마르쿠스Markus, 영어로는 마크Mark라 한다)의 모습을 볼 수 있다. 요한은 빨간 망토를 걸치고 성경을 손에 들고 있으며, 베드로는 천국 문의 상징인 황금열쇠를 들고 있다. 바울은 초록색 망토를 걸치고 오른손에는 큰 칼을 들고 있고, 마가는 두루마리 성경을 들고 있다. 현재 이 그림도 뮌헨의 알테 피나코텍에 전시되어 있다.

크라나흐Lucas Cranach　　　화가인 크라나흐(1472~1553)는 1505년부터 작센 선제후 프리드리히 현공Friedrich der Weise의 궁정화가로 활동하면서 많은 초상화와 신화를 소재로 한 누드화를 그리는 화가로 유명했다. 크라나흐는 루터와 알게 되어, 여러 점의 루터 초상화를 그리기도 하였다.

크라나흐의 대표작은 여러 점이 있는 「파리스의 심판Urteil des Paris」(1528년도 작품은 뉴욕 메트로폴리탄에, 1530년도 작품은 칼스루에 주립미술관에 소재)이다. 그리스의 신화 속에서 파리스의 심판이란, 헤르메스가 파리스의 꿈에 나타나 여신 헤라, 아프로디테, 아테나를 보여 주면서 이 셋 중 세상에서 가장 아름다운 여인을 선택하라고 하는 이야기이다. 파리스는 결국 아프로디테를 선택했고 그녀는 황금사과를 선물로 받았다. 크라나흐의 작품 속 파리스는 중세 기사의 복장을 하고 있고, 세 여신들은 누드로 묘사되어 있다.

퓌슬리Johann Heinrich Füssli　　　스위스 출신의 시인이자 화가인 퓌슬리(1741~1825)는 셰익스피어의 작품을 번역하면서 유명해졌다. 퓌슬리는 1765년 런던으로 건너갔다가, 1770년에는 로마로 가 미켈란젤로의 작품을 연구하였고, 1779년 런던으로 되돌아왔다.

퓌슬리는 밀턴과 셰익스피어의 작품에서 영감을 얻어 많은 그림을 창작하였다. 그의 작품의 특징은 두려운 망상을 보여 주는 꿈을 주제로 한 것이다. 그의 대표작은 여러 버전으로 그려진 「악몽Nachtmahr」이다. 특히 1790년의 「악몽」은 프랑크푸르트의 괴테 박물관에 전시되어 있으며, 낭만주의의 상징을 보여 주는 작품으로 평가된다. 그림에는 침대에서 머리를 아래로 떨구고 누워 있는 여인 위에 악마가 웅크리고 있다. 여인은 악령의 가위에 눌려 몸을 뒤트는 듯하다. 커튼 사이로 말의 머리가 보이고, 마치 말의 울음소리가 들릴듯이 표현되어 있다. 이 그림은 악몽으로 인해 괴로워하는 사람의 모습을 보여 준다.

카스파 다비드 프리드리히 Caspar David Friedrich　　프리드리히(1774~1840)는 독일 낭만주의 풍경화의 창시자이다. 그의 작품 「떡갈나무 숲의 대수도원Abtei im Eichwald」(1810)은 「바닷가의 수도사Der Mönch am Meer」(1810)와 한 쌍으로 제작된 것이다. 이 두 그림을 프랑스의 화가 다비드 당제Pierre Jean David d'Angers는 '풍경의 비극'이라 평하였다. 한 그림은 수평선을, 다른 한 그림은 수직을 이루는 그림의 내용이 한 쌍을 이루며, 종교적인 그림의 내용이 깊은 감정을 불러일으킨다.

클레Paul Klee　　스위스 출신으로 뮌헨 아카데미에서 공부한 클레(1879~1940)는 조형과 음악의 결합을 시도한 추상세계를 추구하였다. 그는 1912년에 청기사파Der blaue Reiter를 설립한 칸딘스키를 알게 되어 친교를 맺기도 하였다.

　클레의 작품 중 「새로운 천사Angelus Novus」(1920)는 독일의 평론가 발터 벤야민이 그의 저서에 언급을 하여 많은 관심을 받았다. 이 작품은 1989년 이후로 이스라엘의 박물관에 전시되어 있다. 벤야민은 그의 마지막 저서 『역사의 개념에 대하여Über den Begriff der Geschichte』(1940)의 IX 테제에서 다음과 같이 이야기하고 있다. "「새로운 천사」라고 하는 클레의 그림이 있다. 천사는 마치 자기가 응시하고 있는 어떤 것으로부터 금방이라도 멀어지려고 하는 것처럼 보이도록 묘사되어 있다. 그 천사의 눈은 크게 뜨여 있고 그의 입은 벌어져 있으며 또 날개는 펼쳐져 있다. 역사의 천사도 바로 이렇게 보이는 것이다." 클레의 천사는 칼을 들고 용과 싸우는 천사 미카엘이나 신의 메시지가 적혀 있는 두루마리를 들고 있는 가브리엘과 다르다. 이 천사의 날개는 작고, 표정과 눈빛은 두려워 보인다.

　클레의 대표작으로는 함부르크 미술관에 있는 「금빛 물고기Der Goldfisch」(1925)가 있다. 여기에는 붉은색의 작은 물고기, 파란색의 바다 그리고 눈과 지느러미가 붉게 채색된 노란색의 물고기가 그려져 있다.

키르히너Ernst Kirchner　　　독일 표현주의의 선구자인 키르히너(1880~1938)를 주축으로 드레스덴에서 헤켈Erich Heckel, 뮐러Otto Müller, 슈미트로틀루프Schmidt-Rottluff 등은 다리파Die Brücke를 결성하였다. 다리파는 예술의 사회적 역할을 강조하고 사회 개혁적인 미술운동을 전개하였다. 다리파는 1913년 동료들 간의 불화로 해산되었고, 각자 독자적인 길을 걷게 된다.

키르히너의 대표작은 「거리Die Strasse」(1913)로, 이 작품은 현재 뉴욕의 현대미술관 MoMA에 전시되어 있다. 그림에는 전면의 화려한 의상을 입은 두 여인과 그들 뒷편의 남자들을 중첩시키고 있다. 한껏 멋을 낸 두 여인은 거리의 매춘부들이다. 그녀들의 옷은 밤거리의 불빛으로 인해 초록빛으로 물든다. 그들은 내일 무슨 일이 일어날지 생각하지 않고 도시의 삶을 즐기고 있다. 키르히너는 당시 파리와 런던에 이어 인구 200만의 메트로폴리스가 된 베를린의 번잡함과 에로틱한 모습을 표현하고 있다.

그의 또 다른 작품 「군인으로서의 자화상Selbstbildnis als Soldat」은 오하이오의 앨런 기념 미술관Allen Memorial Art Museum에 전시되어 있다.

칸딘스키Wassily Kandinsky　　　칸딘스키(1866~1944)는 러시아 출신으로 뮌헨에서 미술 공부를 하였고, 1922년에서 1933년까지 예술과 건축을 위한 학교인 바우하우스에서 학생들을 가르쳤다. 칸딘스키는 바우하우스가 1933년 나치의 정치적 압

력으로 폐쇄될 때까지 강의하였다. 그 후 그는 프랑스로 옮겨 여생을 살았으며, 1939년에 프랑스 국적을 취득하였고 1944년 그곳에서 사망하였다.

그의 미술의 특징은 색채와 형태의 효과에 의존하는 '추상 미술'이라는 새로운 양식을 등장시켰다는 것이다. 그는 작품 속에서 음악의 소리와 진동을 색채로 표현하였다. 「구성Komposition Ⅷ」(1923)은 선, 삼각형 그리고 원의 기하학적 형태가 상호 작용하는 것을 보여 준다.

2. 독일의 건축

목골가옥Fachwerkhaus　　　　목골가옥은 목재 지붕과 벽을 골조로 하고, 골조 사이에 흙, 벽돌과 활석들을 메우는 독일 전통의 건축 양식이다.

바우하우스Bauhaus　　　　근대 산업의 발달로 인해 대량생산이 가능해지면서 장인의 몰락, 도시 빈민의 증가 그리고 인간소외 등의 문제가 발생하였다. 영국의 화가, 공예가이자 사회운동가인 윌리엄 모리스William Morris는 수공업의 부활을 꾀하였다. 독일에서도 12명의 공예 전문가가 '독일공작연맹Deutscher Werkbund'을 결성하여, 미술과 공업 및 수공예의 품격을 높이고자 하였다.

바우하우스는 독일공작연맹 회원이었던 발터 그로피우스가 1919년 바이마르에 설립한 종합예술학교이다. 그로피우스는 개교 당시의 선언문에 모든 조형 활동의 궁극적 목표는 건축이며, 미래의 새로운 건축을 위해 조각, 회화와 같은

데사우의 바우하우스
© IMG-Investitions- und Marketinggesellschaft Sachsen-Anhalt mbH

목골가옥
© Andrew Cowin/Deutsche Zentrale für Tourismus e.V.

바우하우스 스타일로 지어진 'Haus Lange' 박물관
© Mark Wohlrab/Deutsche Zentrale für Tourismus e.V.

순수미술과 공예와 같은 응용미술이 통합을 이루어야 한다고 발표하였다. 즉 건축, 조각과 회화가 하나로 통합되는 새로운 예술을 추구하고자 한 것이다.

1923년에 개최된 바우하우스 첫 전시회에서 가구, 도자기, 순수미술, 연극과 무용 공연 그리고 실험주택이 소개되면서, '예술과 공예의 새로운 통합'을 추구하는 그들의 경향이 밖으로 드러났다. 1925년 바이마르에 새로운 우파 정부가 들어선 후 학교가 폐쇄되자 데사우-Dessau로 이전하면서 '데사우 시립 바우하우스'가 되었다. 그리고 민족주의가 우세해지자 1932년 베를린으로 옮겼다가,

1933년 나치에 의해 폐쇄되었다. 1937년 그로피우스는 미국 하버드 대 건축과 교수로 초빙되어 미국 건축을 주도하였다.

바우하우스의 건축 이념은 경제적이고 미학적인 정신이다. 그 이념이 실현된 것이 1926년에 완공된 바우하우스 교사로, 이 건물은 현대 건축의 효시라고 평가된다. 건물 외벽을 모두 유리창으로 처리하여 개방적인 성격을 보이고, 강의실, 행정실, 강당, 식당, 주방, 체육관과 28개의 학생용 스튜디오가 서로 연결되었다. 또한 외양은 불필요한 공간을 제거하여 하나의 공장처럼 단순한 모양으로 설계되었다. 이 건물은 1996년 유네스코 세계문화유산으로 등재되었다.

3. 독일의 영화

독일 표현주의 Deutscher Expressionismus

표현주의는 1차 세계대전에서 히틀러가 등장하기 전까지의 시기인, 대략 1903년부터 1933년까지 번성한 독일의 현대 예술이다. 이 시기는 1차 세계대전의 패배와 굴욕적인 베르사유 평화조약에 따라 대단히 절망적이고 불안정한 시기였다. 또한 철저한 가부장적 권위주의와 전제정치가 심화되던 시대로서, 급격한 산업화와 경제적 부흥을 이루면서 인간소외와 세대 간의 갈등이 더욱 심화되고 무정부주의에 동감하던 시기였다. 이러한 세태에서 우익의 반민주주의 운동이 다시 조직되었고, 비합리적이고 비민주적인 분위기가 지배적이었다. 결국 이런 세태는 나치즘을 수동적으로 수락하는 데 동의하는 분위기를 조성하게 되었다.

표현주의 영화의 시대는 독일 영화의 황금기지만, 그 시기는 짧았다. 당시 독일인들의 정신 상태를 반영하듯 표현주의 영화에서는 분노, 광기 그리고 이중성이 주된 주제였다. 영화에는 흡혈귀, 인조인간, 골렘 같은 무시무시한 비현실적 존재들이 등장하고, 현실과 환영의 착종을 통하여 초현실적인 모티브와 주제를 즐겨 다루었다. 표현주의 영화는 당시의 시대 경향에 가장 많은 영향을 받았으며 로베르트 비네Robert Wiene, 프리드리히 무르나우Friedrich Murnau, 프리츠 랑Fritz Lang, 요제프 폰 슈테른베르크Josef von Sternberg 등의 감독들이 주도하였다. 무르나우의 〈노스페라투Nosferatu〉(1922)는 브램 스토커Bram Stoker 원작의 『드라큘라Dracula』(1897)를 영화화한 작품으로 공포영화의 전형이 되었다.[4]

표현주의 영화에서는 이야기 전개에 있어서 카메라 시점으로 사물을 기록해 나가는 주관적 촬영기법을 구사했다. 이 기법은 프로이트의 정신분석학의 영향을 받아 인간 내면의 꿈, 악몽, 무의식, 환영을 묘사하고 있다. 이러한 독일 영화의 움직이는 표현주의 촬영기법은 할리우드에 막대한 영향을 끼쳤다. 특히 필름 누아르라고 하는 미국의 갱 영화와 공포영화 장르에 직접적인 영향을 미쳤다. 사악하고 환상적인 주제, 표현주의적인 조명과 분장, 의상, 특수효과에 의한 촬영 등이 그러한 영향을 말해 준다.

---

4   김명찬(2000), 영화. 실린 곳: 서울대학교 독일학연구소, 독일 이야기 I - 독일어권 유럽의 역사와 문화, 거름, 472쪽 이하 참조.

〈칼리가리 박사의 밀실Das Cabinet des Dr. Caligari〉   로베르트 비네(1873~1938)의 영화 〈칼리
가리 박사의 밀실〉(1919)은 표현주의 영화의 대표적인 작품으로 평가받고 있다.
이 영화의 특징은 외적인 현실보다, 정신병자가 말해 주는 세계를 통하여 음울
하고 비관적인 세계관을 표현했다는 것이다.

도입부에서는 한 노인이 공원의 벤치에서 주인공 프란치스Franzis에게, 정령들
이 자신을 집에서 내쫓았다고 이야기한다. 그들 뒤에서 프란치스의 애인 제인
Jane이 다가온다. 프란치스가 노인에게 자신의 체험을 이야기하기 시작하면서,
영화에서는 회상장면이 시작된다.

프란치스의 고향인 홀슈텐발Holstenwall의 대목장에서 프란치스와 그의 친구 알
란Allan은 한 공연을 보러 간다. 칼리가리 박사는 이 공연을 위해 시에 허락을 받
으러 간다. 끝없이 사람을 기다리게 하는 공무원의 일처리에 칼리가리 박사는
분노하게 된다. 칼리가리 박사는 결국 시의 허락을 받게 되지만, 그 공무원은 밤
사이 살해된다. 프란치스와 알란은 칼리가리 박사의 공연장 앞에서 구경을 한
다. 칼리가리 박사는 몽유병자 세자르Cesare가 사람들의 미래를 안다고 말한다.
알란이 자신이 얼마나 살 수 있느냐고 묻자, 몽유병자는 알란에게 새벽까지라고
말한다. 이 소리를 들은 두 사람은 기분이 우울해져 집에 돌아오다 제인을 만난
다. 두 사람은 모두 제인을 사랑하고, 제인이 두 사람 중 한 사람을 선택해야 한
다고 말한다. 밤에 알란은 잠이 들고, 거대한 한 사람이 다가와 그를 덮친다. 그
와 싸우다 알란은 사망한다.

한 여자가 프란치스에게 알란이 밤에 죽었다는 말을 전하고, 프란치스는 칼리
가리 박사의 예언을 생각한다. 프란치스는 제인과 그의 아버지 올젠Olsen 박사에

게 그 사실을 이야기하고는 경찰에게 세자르를 고발한다. 칼리가리 박사는 그들에게 자신들을 조사하라고 친절하게 대한다. 그동안 밤에 한 남자가 한 집을 급습하지만 행인들에 의해 덜미를 잡힌다. 이제 살인이 중단된다. 아버지가 돌아오시지 않자, 제인은 칼리가리에게서 아버지를 찾고자 한다. 밤에 프란치스는 칼리가리에게 간다. 그사이 세자르는 제인을 찾아가고, 그녀의 아름다움에 매료당해 그녀를 납치한다. 그녀의 외마디 소리에 사람들이 달려가서 제인을 찾아낸다. 제인은 세자르가 자신을 덮치려 했다고 주장하지만, 프란치스는 칼리가리의 관 속에 있던 세자르를 보았기에 제인의 말을 믿지 못한다. 프란치스가 투옥된 범인을 확인하고 다시 칼리가리 박사에게 가보니, 관 속에 있는 것이 세자르가 아니라 인형임을 알아낸다. 칼리가리는 도망을 가고 프란치스는 뒤쫓아간다. 그리고 한 정신병원에서 사람들은 칼리가리가 누구인지 묻지만 아무도 그를 모른다. 프란치스는 원장이 칼리가리 박사인 것을 알고 놀란다. 칼리가리가 잠을 자는 동안에, 그들은 프란치스와 함께 원장의 방을 뒤지다 「칼리가리 박사의 밀실」이라는 논문을 찾는다. 논문에 따르면 칼리가리 박사라는 사람이 사람들에게 최면을 걸어 자신의 뜻대로 일을 하도록 한 사건이 있었고 그 사건은 1703년 이탈리아의 한 작은 도시를 공포로 몰아넣었던 것이다.

영화는 다시 회상장면이 되어, 원장은 칼리가리 박사의 비밀을 해결하려는 오랜 소원이 이루어졌다고 한다. 프란치스와 의사들이 그 원고를 열심히 보고 있는 동안에 세자르가 발견되고 원장은 다시 돌아온다. 칼리가리는 몽유병자를 보고 다시 광기에 사로잡힌다. 세자르에겐 강제로 재킷이 입혀지고 보호실로 이송된다. 그리고 다시 첫 장면으로 되돌아가 프란치스는 노인에게 이 병자는 다시 보호실을 떠나지 못했다고 말한다. 두 사람은 정신병원에서 멀어져 가고, 세자르가 꽃잎을 어루만지는 것을 본 프란치스는 제인에게 청혼한다. 제인은, 여왕은 자신의 마음에 따라 사람을 선택할 수 없다고 말한다. 갑자기 원장이 나타난다. 프란치스는 그에게 달려가며 그가 칼리가리라 말한다. 그러자 간호사들이 프란치스에게 달려들어 그를 병실로 데려간다. 마침내 원장은, 우리는 그의 광기의 원인을 알았고, 그는 나를 칼리가리라 생각하고 나는 그의 병을 낫게 하는 방법을 알아냈다고 말을 한다.

마지막 장면의 장소는 정신병자인 프란치스가 입원한 정신병원이고 칼리가리는 그를 담당한 의사이며, 지금까지의 모든 이야기가 정신병자 프란치스의 이야기로 판명된다. 이 결말로 말미암아 관객들은 당황하게 된다. 관객은 이제까지 보고 들은 것이 정신병자가 꾸며 낸 망상이라는 것을 받아들여야 하고, 그러면서도 그가 정말 미쳤는지를 의심하게 된다.

영화의 특색 중의 하나는 모든 장면이 실내에서 촬영되었다는 것이다. 무대 장치는 연극의 무대 배경을 그대로 옮겨 놓은 듯한 표현주의적 기법이었다. 독일은 세계시장을 지배하는 미국 영화와 경쟁하기 위하여 표현주의 회화기법을 사용한 예술영화를 만들었다. 당시 독일은 극심한 전력난에 시달리고 있었기에, 디자이너들이 빛과 어둠을 세트에 그려 넣자고 제안하면서, 나무의 그림자를 조명 대신 그림으로 그려 넣었다. 표현주의 영화에서는 칼 모양의 그림자와 난간, 경사진 천장, 금이 간 벽, 휘어진 가로등, 가시 달린 창 같은 나무들, 검은 그림자들의 덩어리, 구부러진 미로, 단절되고 경사진 교차로와 계단, 기이한 기하학적 건축재로 된 덩어리 같은 집들로 가득 찬 불안정하고 왜곡되고 부조화적인 배경이 특징이다. 또한 극적인 그림자가 부각되도록 강한 조명을 쓰기도 하였다. 배우들의 과장된 연기도 표현주의 영화의 특징이라고 할 수 있다.

이 영화의 핵심 내용은 광기에 사로잡힌 인물이 말하는 사건들뿐만 아니라, 전시장, 정신병원의 형상들로부터 비롯된 공포의 세계이다. 또한 이 영화는 과학과 최면술, 즉 이성과 비이성이 서로 상반되면서도 연루되어 있음을 보여 준다.

광기에 의해 세상이 지배되는 것을 비판적으로 표현하고자 했던 작가들은 감독이 미친 사람이 칼리가리가 아니라 프란치스임을 알리는 마지막 프레임을 첨가한 것에 불쾌감을 표시했다고 한다. 이 결말로 인해 영화는 광기에 의해 개인의 자유가 훼손된다는 비판을 정신병자의 발언으로 바꾼 것이다. 지크프리트 크라카우어Siegfried Kracauer도 감독 비네가 결말을 수정한 것에 대해 독일 지성인의 무기력한 정치적 의도를 드러낸 것이라고 비판하였다. 이 영화에서 칼리가리라는 인물이 히틀러를 암시하며, 이 영화가 파시즘의 등장을 말해 주는 첫 번째 독일영화라고 평가되기도 하였다.

그러나 후에 〈칼리가리 박사의 밀실〉의 원본이 발견되면서, 비네가 마지막 프레임을 첨가한 것은 정치적 분위기에 대한 두려움에서 비롯된 것이 아님이 밝혀졌다. 그리하여 오히려 광기와 정상, 환상과 현실 그리고 정상인과 병자의 경계를 넘는 영화라고 평가되고 있다.[5]

〈푸른 천사Der blaue Engel〉　　　요제프 폰 슈테른베르크(1894~1969)의 〈푸른 천사〉

---

[5]　박광자(2010), 비네의 〈칼리가리 박사의 밀실〉과 크라카우어. 실린 곳: 박광자 외, 독일영화 20, 충남대학교출판부, 10쪽 이하 참조.

(1930)는 하인리히 만의 소설 『운라트 교수 혹은 어느 폭군의 종말Professor Unrat oder Das Ende eines Tyrannen』(1905)을 근간으로 만들어진 것이다. 이 영화의 여주인공 롤라 롤라Lola Lola로 분한 마를레네 디트리히Marlene Dietrich는 이 작품에서 치명적인 팜므 파탈의 전형을 연기하여 일약 국제적인 스타가 되었다.

영화의 줄거리는 다음과 같다. 학교에서 라트 교수는 근엄하고 고루한 교수이다. 어느 날 학생들이 술집을 다닌다는 소리를 듣고, '푸른 천사'라는 술집을 찾아간다. 그곳에서 라트 교수는 롤라를 만나게 되고 그녀에게 반하여 술을 마시다 취하게 된다. 아침에 눈을 떠보니 자신이 롤라의 집에서 잠을 잔 것을 알게 된다. 항상 정시에 학교에 출근하던 라트 교수는 학교에 지각하게 된다. 어느 날 술집에 갔다가 그녀가 속해 있던 서커스단이 떠났다는 것을 알게 된 라트 교수는 롤라에게 청혼을 하고 결혼하게 된다. 이 스캔들로 라트 교수는 학교를 그만두게 된다. 교직을 그만둔 라트 교수는 쇼 무대를 전전하며 롤라의 엽서를 파는 신세가 되고 어릿광대 노릇까지 하게 된다. 어느 날 라트 교수는 롤라가 다른 남자와 키스하는 것을 보게 되고, 소동을 피운다. 소동이 진정된 후 라트 교수는 자신이 과거에 일했던 교실로 되돌아가고, 경비원은 라트 교수가 죽어 있는 것을 발견한다.

영화학자 크라카우어는 이 영화에서도 라트 교수가 마지막에 과거로 돌아와 죽음을 맞이하는 것을 권위와 질서에 대한 예속과 굴종으로 해석하고, 히틀러 등장의 전조를 읽어 내고 있다. 그러나 영화감독 슈테른베르크는 이 영화에서 성의 노예가 되어 파멸한 어느 중년 남성의 이야기를 그려 내려 했음을 밝히고 있다.[6] 작가 하인리히 만의 소설은 빌헬름 시대의 전통적 권위를 비판하였지만, 영화는 남성들의 성적 위기감을 여배우의 섹슈얼리티를 통해 부각시키고 있다.[7]

뉴 저먼 시네마New German Cinema

1950년대의 독일 영화는 텔레비전의 시청률 증가와 미국 할리우드 영화의 확산으로 침체된 상태였다. 그러자 1962년 2월 28일 26명의 젊은 감독들이 '제8회 오버하우젠 국제 단편영화제'에서 "낡은 영화는 죽었다. 우리는 새로운 영화를 믿는다Der alte Film ist tot. Wir glauben an den neuen"라는 모토를 내걸고 '오버하우젠 선언'을 하였다. '오버하우젠 선언'은 이전 세대가 이끌던 영화의 죽음을 선언하고 뉴 저먼 시네마의 시작을 알리는 신호탄으로 간주되고 있으며,[8] 뉴 저먼 시네마는 1960년대부터 1970년대 독일의 젊은 감독들의 새로운 영화 흐름을 지칭한다. 이들은 새로운 영화 제작과 배급 방식을 추진하면서 영화산업 측면에서의 개혁을 주장하였다. 이 세대의 주축 멤버가 폴커 슐렌도르프Volker Schlöndorff, 베르너 헤어초크Werner Herzog, 라이너 베르너 파스빈더Rainer Werner Fassbinder 그리고 빔 벤더스Wim Wenders 등이다.

뉴 저먼 시네마는 약 20년간 많은 작품을 내놓으면서 큰 주목을 받았다. 이들은 대부분이 과거의 나치 역사를 비판하고, 철저한 반성을 촉구하며 사회적 약

---

6   박광자(2010), 앞의 책, 77쪽 이하.
7   박광자(2010), 앞의 책, 87쪽 이하.
8   남완석(2010), 뉴 저먼 시네마. 실린 곳: 박광자 외, 독일영화 20, 충남대학교출판부, 210쪽 참조.

자에 초점을 맞추는 영화를 만들려고 노력하였다.

　뉴 저먼 시네마의 작품 중 또 다른 두드러진 현상은 많은 문학작품이 영화화 되기 시작했다는 점이다. 이는 1974년 영화진흥법이 개정되어, 영화 프로젝트 진흥 조항에 따라 좋은 영화로 완성될 가능성이 있는 영화시나리오를 제출하면, 심사하여 후원금을 주었기 때문이다. 이로 인해 감독들은 위원회의 심사에 통과할 고전이나 명작들을 영화화하였던 것이다. 이로 인해 이 시기에는 가장 많은 문학작품이 영화화되었다. 그러나 반대로 감독들의 개성 있는 예술영화는 많이 위축하게 만들었다는 문제점을 내포하게 되었다.

　뉴 저먼 시네마도 1990년대에 들어서서 젊은 감독들에 의해 비판받으며 서서히 쇠락기를 맞이했다.

폴커 슐렌도르프 Volker Schlöndorff 　영화감독 슐렌도르프(1939~)는 〈젊은 퇴를레스 Der junge Törless〉(1966)를 만들어 칸 영화제에서 국제비평가상을 받았다. 이 작품은 로베르트 무질Robert Musil의 『사관생도 퇴를레스의 혼란Die Verwirrungen des Zöglings Törleß』 을 각색한 것이다.

　슐렌도르프는 계속해서 1975년에는 하인리히 뵐Heinrich Böll의 소설 『카타리나 블룸의 잃어버린 명예Die verlorene Ehre der Katharina Blum』를 영화화한 〈카타리나 블룸의 잃어버린 명예〉로 크게 성공을 거둔다.

　1979년에는 귄터 그라스의 『양철북』을 영화화하여 칸 영화제에서 황금종려상을 수상하고, 1980년에는 최고의 외국영화로 오스카상을 수상한다. 영화 〈양철북〉은 우리나라에도 상영되어 크게 호응을 얻었다.

영화 〈양철북〉은 귄터 그라스가 1959년에 발표한 소설을 영화감독 슐렌도르프가 그라스와 공동 각색해서 만든 것이다. 영화의 줄거리는 다음과 같다. 카슈바이족 처녀 안나Anna는 넓은 치마를 입고 감자밭에 앉아 감자를 구워 먹고 있다. 그녀는 도망병을 치마폭에 숨겨 주었다가 겁탈을 당하게 되지만, 그 군인은 곧 사살된다. 안나는 딸 아그네스Agnes를 출산한다. 그녀는 성장하여 사촌인 얀Jan Bronski을 사랑하지만 그가 입대하자 독일계 남자 알프레트 마체라트Alfred Matzerath와 결혼하여 오스카Oskar를 낳게 된다. 그러나 아그네스는 계속 얀과 불륜 관계를 유지한다. 그러다 아그네스는 사망하고, 알프레트는 나치의 당원이 된다. 얀은 독일군에 저항하다가 사살된다. 세 살 이후 스스로 성장하기를 거부한 오스카는 위문단의 일원이 되어 전선을 누비다가 전쟁이 끝나자 고향으로 돌아온다. 오스카는 나치 배지를 주워 알프레트에게 준다. 알프레트는 배지를 삼켜 괴로워하다 미군에게 사살된다. 시대에 대한 반항을 양철북을 두드리면서 표현하던 오스카는 알프레트의 장례식 날 자신이 항상 지니고 다니던 양철북을 땅에 묻고 이제 성장하기로 결심한다.

빔 벤더스 Wim Wenders　　빔 벤더스(1945~)는 뒤셀도르프에서 태어나, 1967년 뮌헨 영화학교에 들어가 공부하였다. 1978년에 그는 미국 할리우드로 건너가 활동하면서, 독일과 유럽 문화의 본질을 담아내는 영화를 만들려고 노력하였다. 2003년부터 함부르크 미술학교에서 교수로 활동하고 있다.

벤더스의 대표작 〈파리, 텍사스Paris, Texas〉(1984)는 독일, 멕시코, 페루의 합작영화로, 칸 영화제 황금종려상을 수상하였다. 그 외 빔 벤더스의 대표작은 작가 페터 한트케Peter Handke와 함께 시나리오를 쓴 〈베를린 천사의 시Der Himmel über Berlin〉(1987)로, 벤더스는 이 작품으로 칸 영화제에서 감독상을 받았다.

　〈베를린 천사의 시〉의 줄거리는 다음과 같다. 베를린의 천사 다미엘Damiel과 카시엘Cassiel은 자신들의 관할 구역인 베를린을 돌며 사람들의 일상을 관찰하고 내면의 소리를 듣는다. 천사들은 오토바이 사고를 당한 사람, 고층 건물에서 뛰어내려 자살하는 사람을 구원할 수 없음을 깨닫고 무력감을 느낀다. 그러던 중 다미엘이 서커스단의 마리온Marion을 사랑하게 되어, 결국 인간이 된다는 이야기이다. 감독은 이 작품에서 세계를 이분화된 세계, 즉 천사와 인간의 세계, 영원과 지금, 정신과 물질, 정신과 육체, 그리고 어른과 어린이의 세계로 구분한다.

　감독은 천사의 세계를 흑백으로 촬영하고, 마리온의 곡예연습 장면은 컬러로 촬영했다. 즉 인간의 세계는 컬러로 표현된다. 다미엘은 마리온을 사랑하게 되지만, 마리온의 어깨에 손을 올려도 그녀의 육체를 느낄 수 없자 자신이 속한 '영원'의 세계에서 벗어나 유한한 삶의 순간을 체험하고 싶어 인간이 되려 한다. 즉 욕망이 육체로 구체화되면서 천사의 인간화는 정당성을 갖는다.

　천사는 어른들의 눈에는 보이지 않지만, 아이들의 눈에는 보이는 것으로 설정되어 있다. 천사와 교신할 수 있는 아이의 시선은 어른의 시선을 교정하는 기능을 하는 것이다. 고대 신화와 서사시의 세계를 대변하는 노쇠한 서사시인 호머는 과거를 안타깝게 동경하면서도 현재의 평범한 영웅 이야기를 계속 찾아 노래하려고 한다. TV 드라마 〈형사 콜롬보Columbo〉의 주인공 배우 피터 포크Peter Falk는 본명으로 영화에 등장한다. 그는 〈베를린 천사의 시〉에서도 2차 세계대전 중 잃어버린 아이를 찾기 위해 미국에서 독일로 온 탐정으로 등장한다. 천사였던 그는 다미엘보다 먼저 인간이 된 인물로, 인간을 따뜻한 시선으로 바라본다. 이 영화는 홀로코스트의 희생자와 2차 대전 이후의 독일을 보여 준다.

벤더스가 영화를 만든 직후에 한 인터뷰에서 이 영화의 주인공은 베를린이라고 말한다. 베를린은 독일 나치와 전쟁을 치른 과거의 모습과 평화로운 지금의 세계가 공존하는 도시이다. 전쟁의 화염과 폭발 등의 장면과 일상에서의 폭력이 몽타주로 배열되면서, 일상도 전쟁과 연결되어 있음을 보여 준다. 즉 이 영화의 의미는 대립과 공존의 미학을 말해 주는 데 있다.[9]

최근의 영화

톰 티크베어 Tom Tykwer**의 〈롤라 런〉**   티크베어(1965~)는 독일의 영화감독이자 영화제작자이다. 그의 대표작은 〈롤라 런Lola rennt〉(1998)이고 쥐스킨트Patrick Süskind의 작품 『향수. 어느 살인자의 이야기Das Parfum. Die Geschichte eines Mörders』(1985)를 2006년에 영화화할 때 각본을 썼다.

그의 세 번째 영화인 〈롤라 런〉은 독일뿐만 아니라 할리우드에서도 주목을 받았다. 줄거리는 다음과 같다. 주인공 롤라가 남자친구인 마니Manni에게서 전화를 받으면서 사건은 시작된다. 한 범죄조직의 심부름꾼인 마니는 다이아몬드와 바꾼 돈 10만 마르크를 두목에게 12시까지 전달해야 하는데, 그 돈을 그만 지하철에 놓고 내린다. 마니는 롤라에게 구원을 요청한다. 롤라는 마니에게 자신이 가

---

9   정미경(2010), 대립과 공존의 미학: 빔 벤더스의 〈베를린 천사의 시〉. 실린 곳: 박광자 외, 독일영화 20, 충남대학교출판부, 310~327쪽 참조.

겠다고 말하고 해결책을 구하기 위해 달린다. 영화는 마니가 롤라에게 도움을 요청한 사건이 해결되는 과정을 세 가지로 전개한다. 첫 번째 에피소드에서 롤라는 은행의 지점장인 아버지에게 도움을 요청한다. 은행 동료와 사랑에 빠진 아버지는 그녀의 도움을 거절하고, 자신의 애인에게로 갈 것이라고 말한다. 롤라는 다시 마니에게 가지만, 마니는 돈을 구하기 위해 근처의 슈퍼마켓을 털고 있다. 롤라는 마니를 도우려 하지만, 결국 경찰에게 총을 맞고 쓰러진다. 두 번째 에피소드는 롤라가 다시 마니에게 달려가는 것으로 시작한다. 아버지가 도움을 거절하자, 롤라는 아버지를 위협하여 돈 10만 마르크를 요구한다. 롤라는 마니에게 달려가지만, 마니는 롤라에게 가기 위해 길을 횡단하다가 자동차에 치여 쓰러진다. 세 번째 에피소드에서 롤라는 은행에서 아버지를 만나지 못하자, 카지노에 가서 게임을 하여 돈을 딴다. 그동안 마니는 지하철에서 자신의 돈을 주운 걸인을 만나고 돈을 되찾는다.

영화는 우연이 운명을 어떻게 다르게 이끄는지, 사랑을 믿고 달리는 롤라가 자신의 운명을 자신의 의지로 바꿀 수 있는지에 대해 생각하게 한다. 이 영화에서 감독은 줌Zoom, 시각적으로 유사한 두 장면을 이어 붙이는 매치 컷Match Cut, 속도감을 극대화시키는 몽타주Montage, 분할 스크린Split-Screen, 애니메이션 화면 등의 다양한 기법을 사용하고 있다. 젊은 세대의 정서를 느끼게 하는 화려한 영상미를 통해 영화의 재미가 배가된다.[10]

---

10 이주봉(2010), 티크베어의 〈롤라 런〉과 '꿈 공장'으로서 영화. 실린 곳: 박광자 외, 독일영화 20, 충남대학교출판부, 336~342쪽 참조.

볼프강 베커Wolfgang Becker의 〈굿바이 레닌〉　　　　　　베커(1954~)의 〈굿바이 레닌Good Bye, Lenin!〉(2003)은 제8회 부산국제영화제에서 초연되면서 우리나라에 알려졌다. 독일에서는 2003년 600만 명의 관객이 관람해 그해 가장 성공한 영화에 속했다. 이 영화는 제작 당시의 '79qm DDR(79평방미터의 동독)'이라는 제목에서 알 수 있듯이 더 이상 존재하지 않는 옛 동독을 어머니의 방에서만 재현해 낸다는 내용이다.

영화의 줄거리는 다음과 같다. 주인공 알렉스 가족의 16mm 홈 비디오로 영화는 시작한다. 1978년 독일인 최초로 우주를 경험했던 지크문트 옌Sigmund Jähn을 우상으로 여기는 알렉스는 우주비행사를 꿈꾸고, 의사인 아버지는 가족을 버리고 서독으로 넘어가 버렸다. 그 후 어머니는 이상주의적인 사회주의자가 되었다. 그리고 동독 건국 40주년이 되던 1989년, 알렉스는 텔레비전 수리소의 전기 기술자가 되어 있다. 1989년 10월 7일 저녁 산책을 나가서 시위행렬에 참여했다가 사례에 들린 알렉스를, 옆에 있던 아가씨가 도와준다. 그날 건국 기념식에 초대받아 참석했던 어머니는 아들이 다른 시위 군중들과 함께 인민 경찰에게 체포되는 순간 정신을 잃는다.

알렉스는 구금 상태에서 벗어나고, 어머니가 혼수상태에 빠졌다는 것을 알게 된다. 알렉스를 도와주던 아가씨는 러시아에서 실습 나온 간호사 라라이고, 그녀는 알렉스의 어머니가 입원해 있는 병원에서 일한다. 그 와중에 독일은 통일을 맞이한다. 알렉스의 누나는 버커킹의 점원으로 취직하고, 서독 출신 남자친구 라이너Rainer와 동거하게 된다. 알렉스는 실업자가 되었다가 다시 서독의 회사에 취직하게 되었다. 의사의 경고에도 알렉스는 어머니를 집으로 모셔 온다. 그는 혼

수상태에서 깨어났지만 기억을 상실한 어머니가 베를린 장벽이 붕괴되었다는 소식에 다시 충격을 받지 않도록, 어머니를 속이게 된다. 알렉스는 어머니를 속이기 위해 동료인 데니스Denis의 도움으로 가짜 뉴스방송까지 제작하게 된다.

어느 날 자신을 간호하던 알렉스가 잠을 자는 동안에 깨어난 어머니는 거리를 산책하게 되고, 이때 헬기에 매달려 수송되는 레닌 동상을 목격하게 된다. 당황한 어머니를 속이기 위해 알렉스는 동독 정부가 동독으로 이민해 온 서독 망명자들을 받아들이게 되었다고 둘러댄다.

가족이 오랜만에 교외의 주말농장(다챠Datscha)에 소풍을 가게 되면서, 어머니는 아버지가 가족을 버리고 간 것이 아니라, 가족과 함께 서독으로 도주할 것을 요청했지만, 용기가 없었던 자신이 동독에 남게 된 것이라고 밝힌다. 아버지의 주소를 알아낸 알렉스는 이미 가정을 꾸리고 있는 아버지를 만나 어머니의 상태를 알린다. 그는 어머니의 임종이 가까이 왔다고 생각하고 자신이 존경하던 우주비행사 지크문트 옌이 당 총서기가 되어 베를린 장벽을 열었다는 뉴스를 꾸민다. 이에 어머니는 만족해하면서 죽음을 맞고, 알렉스는 친지들과 함께 옥상에서 어머니의 재를 조립식 로켓에 담아 하늘로 날린다.[11]

〈굿바이 레닌〉은 어머니가 충격받지 않도록 동독의 삶을 재현하려는 알렉스를 통해 독일의 통일과정을 생각해 보게 하는 영화이다. 알렉스는 어머니를 위하여 동독 제품인 모카 픽스 커피, 슈프레발트 피클, 템포 콩 통조림을 구하기 위하여 쓰레기통까지 뒤진다. 즉 이 영화에 가장 적합한 단어는 동쪽을 뜻하는

---

11 이준서(2010), 〈굿바이 레닌〉 혹은 '79㎡의 동독'. 실린 곳: 박광자 외, 독일영화 20, 충남대학교출판부, 385~405쪽 참조.

'Ost'와 향수를 뜻하는 'Nostalgie'를 합한 '오스탈기Ostalgie', 즉 독일 민주공화국(동독)에 대한 향수라고 할 수 있다.

● **베를린 국제영화제**Berlin International Film Festival

베를린 국제영화제는 베를리날레Berlinale라고도 하며, 프랑스의 칸 영화제, 이탈리아의 베네치아 영화제와 더불어 세계 3대 영화제로 손꼽힌다. 베를린 영화제는 경쟁 부문과 비경쟁 부문으로 나뉜다. 베를린 국제 영화제의 최우수 작품상에는 베를린의 상징인 곰을 모티브로 한 황금곰상을 수여하고, 최우수 감독상, 최우수 남자 연기상과 최우수 여자 연기상 수상자에게는 은곰상이 수여된다.

베를린 국제영화제는 매년 2월에 개최되며, 약 11일간 포츠담 광장 일대의 10여 개 상영관에서 약 400여 편의 장·단편 영화가 상영된다. 상업성이 높은 영화보다 정치적·사회적 주제를 다룬 영화들이 주로 소개된다. 이 기간 동안 영화를 매매하는 유럽 필름마켓도 개최된다.

우리나라에서는 김기덕 감독이 〈사마리아〉로 2004년 최우수 감독상인 은곰상을 수상하기도 하였다.

4. 박물관

독일은 국제적으로 가치가 높은 전시물을 소장한 박물관이 630개에 달하여 박물관의 나라로 불린다.

베를린의 박물관 섬^{Museumsinsel} 베를린의 슈프레 강 북쪽에 있는 섬에 5개의 박
물관이 설립되면서 박물관 섬이라는 이름이 붙여졌다. 박물관 섬은 1999년 유
네스코 세계문화유산으로 지정되었다.

_ 페르가몬 박물관^{Pergamonmuseum}은 1910년부터 지어지기 시작하여 1930년에
완공되었고 유네스코 세계문화유산에 등재되어 있다. 독일은 1878년 터키의 고
대도시 페르가몬을 발굴하여 페르가몬의 제우스 대제단을 통째로 옮겨 왔다.
페르가몬 박물관 내부에는 제우스 대제단, 바빌론의 이슈타르 문^{Ischtar Tor}, 밀레
토스^{Miletus}의 아고라 문 그리고 요르단의 므샤타^{Mschatta} 궁전 유적들이 실제 크기
로 재건되어 전시된다.

제우스 대제단은 전체 높이 10m, 길이 30m로, 계단과 이오니아식 기둥으로
구성된 신전이다. 계단 하단부의 부조에는 기간토마키아^{Giganthomachia}, 즉 신들의
전쟁이 조각되어 있다. 기원전 6세기에 세워진 이슈타르 문은 1899년에 발굴하
여 독일로 옮겨 온 것이다. 밀레토스의 아고라 문은 120년에 지어진 코린트 양
식의 기둥으로 되어 있는데, 로마 제국의 도시 밀레토스에 있던 아고라로 통하
는 높이 17m의 문이다.

_ 구박물관^{Altes Museum}은 박물관 섬에서 가장 오래된 박물관이다. 구박물관의
정문에는 그리스 이오니아식의 원주 18개가 배치되었고, 벽면을 붉은 빛의 도색
으로 장식하였다. 구박물관은 19세기 유럽 최고의 건축가 싱켈^{Friedrich Schinkel}에 의
해 1825년부터 1830년에 고전주의 양식으로 건립되었다. 이 건물은 1999년 유

페르가몬 박물관
© Hans Peter Merten/Deutsche Zentrale für Tourismus e.V.

페르가몬 박물관 내 바빌론의 이슈타르 문
© Jim McDonald

네스코 세계문화유산으로 선정되었다. 건물이 수평성을 강조하는 것은 그곳이 시민문화의 장임을 의미하는 것이다. 건물의 내부는 로마의 판테온을 모델로 삼아, 로톤다 양식으로 되어 있다.

_ 신박물관Neues Museum 건물은 1855년 싱켈의 제자인 프리드리히 아우구스트 스튈러Friedrich August Stüler에 의해 완공되었다. 그 후 2차 세계대전으로 많이 손상되어, 70년 동안 폐관되었다. 2009년 10월 16일에 재개관하면서 이집트 박물관과 함께 파피루스 유물을 전시하고 있다.

가장 유명한 것은 기원전 1340년에 만들어진 고대 이집트 18왕조의 파라오 아크헤나텐Akhenaten(영어로 아크나톤Akhnaton)의 노프레테테Nofretete(영어로 네페르티티 Nefertiti) 왕비의 두상 조각으로, 이 작품은 이집트의 아마르나Amarna 시대(기원전 1364~1347)의 대표작으로 손꼽힌다.

보데 박물관
© Joachim Messerschmidt/
Deutsche Zentrale für Tourismus e.V.

_ 1876년에 개관한 구 국립미술관Alte Nationalgalerie은 신고전주의 양식으로 건축
되었다. 고대 그리스 신전을 연상케 하는 코린트 양식의 8개 기둥이 있는 정면
과 정면 중앙에 자리 잡은 빌헬름 4세의 기마상, 박공에 자리 잡은 게르마니아
상이 눈에 띈다.

구 국립미술관은 주로 18세기 말에서 19세기의 작품을 전시하고 있다. 대표
적으로 다비드 프리드리히, 마네, 모네, 르누아르, 드가 등의 인상주의 작품을
많이 전시하고 있다.

_ 보데 박물관Bode Museum은 원래는 카이저 프리드리히 박물관이었지만, 첫 큐
레이터였던 빌헬름 폰 보데Wilhelm von Bode의 이름을 따서 1956년 보데 박물관으로
개명되었다. 보데 박물관의 건축 양식은 네오 바로크 양식이며, 이집트 미술, 비
잔틴 관련 유물, 중세 시대의 조각, 각종 기념주화들이 전시되어 있다.

유대인 박물관Jüdisches Museum　　베를린에 있는 유대인 박물관은 다니엘 리베스킨트Daniel Libeskind에 의해 설계되어 2001년 개관했다. 겉으로만 보면 철재 박스로 된 창고 건물처럼 보이지만, 건물의 전체 형태는 지그재그식으로 되어 있고 창문은 비스듬하게 가늘고 긴 형상으로 대단히 독특하다. 지그재그 모양은 유대인의 상징인 다윗의 별을 변형한 형태로 유대인의 아픔을 상징한다.

건물 내부도 베를린 유대인의 역사를 상징하는 세 개의 축으로 나뉘어져 있다. 첫 번째 축은 '연속성의 축Achse der Kontinuität'이다. 관람객은 경사가 급한 계단과 미로를 통해 전시장으로 들어가도록 되어 있다. 두 번째 축은 '유배의 축Achse des Exils'으로 유대인들의 단절된 역사를 불균형하게 건축된 공간을 통해 체험하도록 설계되었다. '유배의 축'을 지나 '유배와 이민의 정원'으로 진입하게 되는데, 이곳엔 콘크리트 기둥 49개가 가로세로 각 7열로 서 있다. 49는 48에 1을 더한 것인데, 여기에서 48은 이스라엘이 건국된 해인 1948년을 의미하고, 1은 베를린을 뜻한다. 7은 유대인의 역사를 반영한 것이다. 세 번째 축은 '홀로코스트의 축Achse des Holocaust'으로, 홀로코스트 탑으로 이어진다.

유대인 박물관은 역사적 의미뿐 아니라 건물의 구성이 독특하여, 많은 관람객이 방문하는 곳이다.

뉘른베르크의 게르만 국립박물관 Germanisches Nationalmuseum　　뉘른베르크의 게르만 국립박물관은 선사 시대부터 현대에 이르기까지 독일과 독일어 문화권의 문화, 예술, 역사를 다룬다. 아우프제스 남작Freiherr Hans von und zu Aufsess의 주창으로 1852년 건립되었다. 중세 시대의 금 세공품, 뒤러의 작품, 로코코 시대의 조각가 페르디

뉘른베르크 게르만 국립박물관

뉘른베르크 게르만 국립박물관
© Georg Jaussen/Germanisches Natinalmuseum Nürnberg

난트 디츠Ferdinand Dietz의 조각작품 등 총 1,300여 개의 전시물이 있다.

뉘른베르크의 게르만 국립박물관에서 이스라엘의 예술가 다니 카라반Dani Karavan이 1988년 「인권의 길Strasse der Menschenrechte」을 제작하였다. 이것은 높이 8m에 달하는 27개의 기둥과 두 개의 바닥판, 한 그루의 나무로 이루어진 문이다. 이 30개의 요소들 각각에 미합중국 인권선언문의 조항들이[12] 두 개의 언어로 적혀 있다. 하나는 독일어이고, 다른 하나는 세계 30개의 언어 중 하나이다. 게르만 민족의 예술문화를 보여 주는 대표적인 박물관 앞에 이러한 인권의 거리를 조성 했다는 것은 독일이 과거사를 반성한다는 뜻이다.

뉘른베르크의 장난감 박물관 Spielzeugmuseum　　뉘른베르크의 장난감 박물관에는 중세 부터 현대까지의 장난감이 전시되어 있다. 1층에는 나무로 만들어진 장난감이,

---

12　Renate Luscher(1998), 통일 독일의 문화와 예술, 김이섭·최경은·배정희 옮김, 담론사, 235쪽 참조.

2층에는 레만Lehmann의 수집품인 인형들이 전시되어 있다. 3층에는 기차와 선박 등의 장난감이 전시되어 있고 4층에는 아이들이 놀 수 있는 장소가 있다.

뮌헨의 피나코텍 Pinakothek   피나코텍은 알테 피나코텍Alte Pinakotek, 노이에 피나코텍Neue Pinakothek, 그리고 현대 피나코텍Pinakothek der Moderne으로 나뉘어져 있다.

알테 피나코텍의 건물은 뮌헨에서 활동한 클렌체Leo von Klenze의 작품으로, 주로 중세와 르네상스 시대의 작품 7,000여 점이 전시되어 있다. 알테 피나코텍에서 가장 대표적인 작품은 뒤러의 「모피코트를 입은 자화상」, 루벤스의 「레우키포스 딸들의 납치」(1618), 네덜란드의 화가 렘브란트의 「자화상」(1629)이다.

노이에 피나코텍에는 19세기의 미술품이 전시되어 있다. 노이에 피나코텍의 대표적인 작품은 반 고흐의 「해바라기」(1888)이다. 알테 피나코텍과 노이에 피나코텍 사이에는 조각공원이 조성되어 있는데, 그곳에는 영국의 조각가 헨리 무어 Henry Moore를 비롯한 현대 조각가들의 작품들이 전시되어 있다.

현대 피나코텍은 2002년에 개관하였고, 독일의 건축가 슈테판 브라운펠스 Stephan Braunfels에 의해 완성되었다. 건물 입구는 특이하게 콘크리트가 노출된 것으로 유명하다. 이곳에는 피카소, 칸딘스키, 샤갈, 달리, 르네 마그리트 그리고 앤디 워홀 등의 현대 작품이 전시되어 있다.

뮌헨의 국립독일박물관 Deutsches Museum   뮌헨에 위치한 국립독일박물관은 세계 최대 규모를 자랑하는 과학·기술 박물관 중의 하나로 이자르 강의 섬에 자리 잡고 있다. 총 4개 층을 항공우주, 천문학, 자동차, 통신 등 30여 개의 전문 분야로 구

뮌헨 알테 피나코텍
© Andrew Cowin

노이에 피나코텍
© Andrew Cowin

헨리 무어의 작품-알테 피나코텍 앞
© Rainer Kiedrowski/Deutsche Zentrale für Tourismus e.V.

분하여 전시하고 있다. 대표적인 전시품은 라이트 형제의 비행기와 제2차 세계
대전에 사용한 전투기이다.

뮌헨의 글립토텍 박물관 Glyptothek Museum　　　뮌헨의 글립토텍 박물관은 클렌체의 작품
으로, 그리스 유물과 유적이 전시되어 있다. 이 건물의 중앙 현관은 이오니아식
신전 양식이고, 벽면은 폐쇄적인 형태로 벽감을 만들어 그 안에 조각을 설치하
였다.

마인츠의 구텐베르크 박물관 Gutenberg Museum　　　구텐베르크 박물관은 마인츠 출신의 금속활자 발명가 구텐베르크Johannes Gutenberg의 탄생 500주년을 맞아, 그의 발명품과 예술품을 널리 알리기 위해 1900년부터 건립을 시작하여 1901년 6월 23일에 문을 열었다. 구텐베르크 박물관은 인쇄, 출판에 관련된 박물관 중 세계에서 가장 오래되었다. 구텐베르크 박물관의 위치는 마인츠 구시가지의 대성당 건너편이다. 현재의 구텐베르크 박물관은 2000년부터 2년의 공사 기간을 거쳐 구박물관을 개조한 것이다. 박물관 앞에는 구텐베르크의 두상이 전시되어 있다.

가장 주요한 소장품은 구텐베르크의 금속활자로 만든 『42행 성서』이다. 또한 1978년 바덴 뷔르템베르크 주정부가 구텐베르크가 최초로 인쇄한 성경을 뉴욕의 크리스티 경매장에서 사들여 전시하고 있다. 3층에는 한국관, 중국관과 일본관이 자리 잡고 있다. 한국관에는 직지심경과 대동여지도의 복사본을 전시하고 있다. 박물관의 지하실에서 하루에 두 번, 15분 동안 구텐베르크가 성서를 인쇄하던 방식을 그대로 재현하는 프로그램이 진행된다.

구텐베르크 박물관의 인쇄기
© DZTv. Luttitz

쾰른의 로마·게르만 박물관과 초콜릿 박물관　　　로마·게르만 박물관Römisch-Germanisches Museum은 쾰른의 역사를 알 수 있도록, 로마와 메로빙 왕조 시대의 미술품, 보석, 유리 공예품, 일상적 유물 등 가치 있는 고고학적 발굴품 등을 소장하고 있다.

로마 시대의 주거의 일부를 장식하고 있던 유물이 이 장소에서 발견되어 박물관의 중심이 되었다.

또한 쾰른에는 1993년에 개관한 임호프-초콜릿 박물관Imhoff-Schokoladenmuseum이 있다. 초콜릿 분수, 카카오나무 등 초콜릿과 연관된 것들이 전시되어 있다. 소형 생산 라인이 설치되어 있어 각종 초콜릿이 만들어지는 과정도 지켜볼 수 있다.

드레스덴 알베르티눔 Albertinum　　　후기 르네상스 양식으로 지어진 알베르티눔은 신거장 미술관Galerie Neue Meister과 조각품 전시관Skulpturensammlung이 어우러진 복합 전시관이다. 대표적인 작품은 카스파 다비드 프리드리히의 풍경화, 드가, 고갱, 고흐 등 프랑스 인상파 화가의 작품들이다.

예나의 광학 박물관 Optisches Museum　　　카메라와 안경 등 광학기계 메이커로 유명한 칼 차이스사가 1922년 광학기계들을 전시하면서 박물관으로 출발했다.

로텐부르크의 중세 범죄 박물관과 인형과 장난감 박물관　　중세 범죄 박물관Mittelalterliches Kriminalmuseum에는 중세 시대에 범인들을 처벌하거나 고문했던 각종 기구들과 장비들이 전시되어 있다. 또한 처벌하는 방법과 벌을 주는 이유 등에 대한 안내문을 볼 수 있다. 특히 눈에 띄는 것은 쇠로 만든 정조대와 쇠못이 박혀 있는 의자 등이다.

인형과 장난감 박물관Puppen- und Spielzeugmuseum에는 인형수집가 카타리나 엥겔스Katharina Engels가 40년 넘게 수집한 800여 점의 인형이 전시되어 있다. 18~19세기

퀼른의 로마·게르만 박물관

볼프스부르크 폭스바겐 공장
ⓒ Jochen Knoblauch/Deutsche Zentrale für Tourismus e.V.

동안 유럽에서 제작된 각종 인형과 장난감이 그녀의 소장품이다.

볼프스부르크의 자동차 전문 박물관 Autostadt　　　니더작센 주의 인구 12만 명 정도 되는 도시 볼프스부르크에는 폭스바겐Volkswagen 본사와 자동차 전문 박물관이 있다. 2000년 5월 31일에 개관한 자동차 전문 박물관은 폭스바겐의 고객센터 역할도 한다. 자동차를 주문한 사람은 주문한 차의 제작 공정이 마무리되는 모습을 볼 수 있고, 공장에서 직접 차를 몰고 나올 수도 있다. 자동차 전문 박물관의 랜드마크는 20층짜리 쌍둥이탑이다.

V

독일의 과학과 산업

1. 독일의 과학

과학자

빌헬름 콘라트 뢴트겐 Wilhelm Conrad Röntgen   뢴트겐(1845~1923)은 1895년 뷔르츠부르크 대학의 물리학 연구소 소장으로 부임하였고, 이곳에서 X-선을 발견하였다. 그의 이름을 따 X-선을 뢴트겐선Röntgenstrahlen이라 부르기도 한다. 그는 1901년 최초의 노벨 물리학상을 수상하였다.

베르너 하이젠베르크 Werner Karl Heisenberg   하이젠베르크(1901~1976)는 물리학자로, 불확정성 원리를 발견하여 20세기 초 양자역학의 발전에 공헌했다. 1927년에는 『불확정성 원리』를 출간하였다. 1932년에 양자역학을 창시한 공로로 노벨상을 받았다.

그는 반유대인으로 나치정권하의 독일에 남아 연구를 계속하였는데, 이는 나치의 통제를 받음과 동시에 어느 정도 협조를 한다는 뜻이었다. 역사를 바탕으로 창작된 마이클 프레인Michael Frayn의 연극 「코펜하겐Copenhagen」은 덴마크 물리학자이자 유대인인 닐스 보어Niels Bohr와 하이젠베르크의 관계를 그리고 있다.

연구기관

독일은 80여 개의 노벨상을 수상했다는 자부심을 가지고, 학문과 지식 분야에 많은 재정적·정책적 지원을 하고 있다. 독일에는 대학에 속해 있는 연구소와 기업 연구소 외에 4개의 대표적인 연구소가 있다. 이 연구소들은 연방과 주의 지원을 받는 비대학 연구기관이다.

막스플랑크 협회 Max-Planck-Gesellschaft　　막스플랑크 협회는 독립 비영리 연구기관으로 자연과학, 생명과학, 인문사회과학 분야의 기초연구를 주도한다. 독일에 위치한 총 78개 연구소와 네덜란드, 룩셈부르크, 이탈리아와 미국에 위치한 5개의 연구소에서 총 5,600명의 연구원들이 근무하고 있다. 막스플랑크 연구소는 단일기관으로서 18명의 노벨상 수상자를 배출하였다. 그중 대표적인 연구소는 다음과 같다.

막스플랑크 플라스마물리연구소(IPP)는 뮌헨 근교 가르힝Garching과 그라이프스발트Greifswald 두 곳에 위치하며, 핵융합 현상을 연구하는 독일의 국책 연구소이다. 1960년 설립되었으며 초대 연구소장은 불확정성 원리로 유명한 베르너 하이젠베르크였다.

본에 있는 막스플랑크 전파천문학연구소Max-Planck-Institut für Radioastronomie는 1966년에 설립되었다. 본 근교에 있는 에펠스베르크Effelsberg에 지름 100m의 전파망원경Radioteleskop이 1972년 설치되었다. 이 전파망원경은 막스플랑크 전파천문학연구소의 자산이다.

쾰른에 있는 막스플랑크 사회연구소Max-Plank-Institut für Gesellschaftsforschung는 1985년 출범하였으며 세계화와 지역 통합의 영향을 받고 있는 유럽의 공공정책, 노사관계, 임금체계 등에 대해 연구하는 연구소이다.

2014년에는 괴팅겐 막스플랑크 생물물리화학연구소 소장인 슈테판 헬 박사가 노벨 화학상을 수상했다.

라이프니츠 협의회 Wissenschaftsgemeinschaft Gottfried Wilhelm Leibniz   라이프니츠 협의회는 89개의 비대학 연구기관과 서비스 제공기관으로 구성되어 있다. 이 협회는 인류와 교육, 경제와 사회과학, 자연과학, 물리, 환경 등의 다양한 학문 분야를 다루는 89개의 독립 연구기관을 아우른다. 라이프니츠 협회에 소속된 9,200명에 달하는 연구원의 공통된 주요 과제는 정치계와 경제계 그리고 일반대중에게 지식을 전달하는 것이다.[1]

프라운호퍼 협의회 Fraunhofer-Gesellschaft   프라운호퍼 협의회는 1949년에 설립된 연구기관 중의 하나로, 유럽 최대의 규모를 자랑한다. 주요 연구 분야는 건강, 안보, 커뮤니케이션, 이동성, 에너지 그리고 환경이다. 현재 독일 내에 66개 연구소가 있다. 예산은 연방정부, 주정부로부터 지원받고, 그 밖에 기업체나 공공단체와 계약하여 연구 과제를 수행하면서 들어오는 수입으로 운영된다. 프라운호퍼에 소속된 연구소들은 응용과학 내지 기술에 대한 연구를 수행하고, 나아가 이를

---

1   Peter Hinderer und Janet Schayan(Hrsg)(2015), *Tatsachen über Deutschland*, Societät-Medien Verlag 참조.

실용화하고 상업화하는 데까지 연구한다.

헬름홀츠 협의회^{Helmholz-Gemeinschaft} 헬름홀츠 협의회는 독일에서 가장 큰 연구조직으로 에너지, 지구와 환경, 건강, 항공우주교통, 핵심 기술, 물질 구조 등 총 6개 분야의 연구를 담당하고 있다. 18개의 헬름홀츠 연구센터에는 1만 4700명의 과학자와 6,200명의 박사과정 연구생들이 연구 활동을 하고 있다.[2]

2. 독일의 산업

제조업: 대기업

자동차 분야 독일은 다임러^{Dimler}, 베엠베^{BMW}, 포르쉐^{Porsche}, 아우디^{Audi}, 그리고 메르세데스벤츠^{Mercedes-Benz} 등의 자동차 기업을 소유한 세계적으로 유명한 자동차의 나라이다.

화학 분야 화학제품과 플라스틱 제조회사인 바스프^{BASF}는 1865년에 설립되어 80개국 이상에 지점을 두고 있고, 11만 3000명이 근무하는 회사이다. 화학제품 회사인 바이어^{Bayer}가 제약회사 바스프, 획스트^{Hoechst}를 합하여 복합기업

---

2 Peter Hinderer und Janet Schayan(Hrsg)(2015), 앞의 책 참조.

카르텔 IG Farben을 설립하였다.

전기·전자 분야　　　지멘스Siemens는 기술장교였던 지멘스Ernst Werner von Siemens가 1846년 설립한 전기·전자 분야 기업으로, 베를린과 뮌헨에 본사를 두고 190여 개국에 진출해 있다. 지멘스는 자동차 공장부터 상·하수 처리 공장까지 각종 산업현장에서 사용되는 설비 및 통합 소프트웨어 등을 지원하고 있다. 인프라 분야에서는 도시의 제반시설, 구축사업, 관련 장비, 시스템 등에 대한 각종 솔루션을 제공하고 있다. 에너지 분야에서는 발전과 송전뿐만 아니라 석유 또는 가스의 추출, 변환, 그리고 운송 분야를 지원하고, 또 화학연료에너지 발전을 위한 고효율 제품 및 솔루션을 개발 공급하고 있다. 헬스케어사업 분야에서는 초음파 진단기를 포함한 엑스선 촬영기, 투시조영장치 및 수술장비 등의 제품을 제공한다.

보쉬Bosch는 로베르트 보쉬Robert Bosch가 1886년에 슈투트가르트에 설립한 회사로, 자동차 및 산업 기술, 소비재 및 빌딩 기술 분야를 전문으로 하는 기업이다.

에너지 분야　　　독일 최대 에너지회사는 1898년에 설립된 RWE(Rheinisch-Westfälisches Elektrizitätswerk) 그룹이다. 독일 제2위의 전기생산업체이기도 한 RWE 회사의 본사는 에센essen에 있으며, 주요 사업은 전기, 천연가스 공급이고 그 외 폐수 처리와 폐기물 재생사업을 하고 있다.

패션 분야　　　루돌프 다슬러Rudolf Dassler와 아돌프 다슬러Adolf Dassler 형제는

1924년 뉘른베르크에서 신발을 만들어 팔기 시작하였다. 그 뒤로는 스포츠 의류를 판매하였는데, 형 루돌프가 1948년 독립해 푸마를 창업하였고, 동생 아돌프는 1949년 아디다스를 창업하였다. 푸마는 패션, 골프용품과 향수들로 범위를 넓혔고, 현재 80여 개국에서 영업하고 있다. 아디다스는 신발과 의류를 판매하고 있다.

휴고보스는 1924년 휴고 보스가 창립한 패션회사로, 본사는 슈투트가르트 근교 메칭겐Metzingen에 위치해 있다. 휴고보스는 고급 남성패션 브랜드로 인정받으며, 일반적으로 '보스'라 칭한다. 처음에는 남성패션 중심이었으나, 현재는 여성패션, 안경 등 다양한 제품을 생산한다. 전 세계에 6,000개 이상의 매장을 가지고 있다. 정장 중심의 블랙 라벨, 캐주얼 중심의 오렌지 라벨, 골프웨어 중심의 그린 라벨 등 다양한 등급을 만들어 다양성을 추구한다.

제조업: 중소기업

독일의 중소기업은 대략 400만 개로 독일 전체 기업의 99%를 차지한다. 세계의 2,000개 강소기업 중 1,200개가 독일의 중소기업이다. 독일의 중소기업은 주로 지방 및 소도시에 소재하는 가족기업이다. 독일의 중소기업들은 특정 분야에서 각각 1~3위를 차지하지만 대중들은 잘 알지 못한다. 독일 중소기업의 수출 규모는 2009년 기준 독일 제조업 수출의 총 40%에 해당한다. 독일의 중소기업 중 대표적인 것은 다음과 같다.

헹켈스Henckels　　　쌍둥이 로고로 잘 알려진 헹켈스는 칼, 가위, 조리기구와 식기류를 만드는 회사로, 280년이 넘는 역사를 지닌 세계적인 브랜드이다. 1731년 요한 페터 헹켈스Johann Peter Henckels가, 좋은 품질의 철이 많이 생산되어 예로부터 대장장이 마을의 전통을 유지하고 있는 노르트라인베스트팔렌 주의 작은 마을 졸링겐에 설립한 제조업체이다.

파버 카스텔 Faber-Castell　　　연필로 유명한 독일의 문구회사 파버 카스텔은 1761년 카스파르 파버Kaspar Faber라는 캐비닛 제조회사로 시작하여, 8대에 걸쳐 파버 카스텔 가문에 의하여 운영되고 있다. 본사는 독일의 뉘른베르크에 위치하며, 연간 18억 개의 연필을 수출하고 있다.

빈터할터 가스트로놈 Winterhalter Gastronom　　　빈터할터 가스트로놈은 산업용 식기세척기 회사이다. 설립자는 카를 빈터할터Karl Winterhalter로, 1947년에 프리드리히스하펜Friedrichshafen에 설립되었다가 메켄보이렌Meckenbeuren으로 이전하였다. 종업원은 1,250명에 달하며, 전 세계 시장에서 20%가량의 점유율을 자랑한다.

칼 차이스 Carl Zeiss　　　칼 차이스는 자신의 이름을 따서 1846년에 회사를 설립하였다. 본사는 오버코엔에 있다. 칼 차이스는 독일의 광학회사로 100여 개국에서 안경, 현미경, 카메라 렌즈 등의 광학제품을 판매하고 있다.

우니온 크노프 Union Knopf, **에네르콘**Enercon, **하우니**Hauni　　　우니온 크노프 주식회사는

1911년 베를린에 설립된 단추와 가구 장식을 생산하는 회사이다. 우니온 크노프는 1959년 이후 노르트라인베스트팔렌 주의 빌레펠트에서 상품을 생산하고, 1971년부터 단추 공장 'Knopffabrik PSW'에서 총 25만 종의 단추를 생산하고 있다.

에네르콘은 1984년에 설립된 회사로, 풍력 터빈과 관련한 전 세계 특허의 40% 이상을 소유하고, 이 분야 기술을 선도한다. 그 외 담배 제조기 분야의 세계 1위인 하우니가 있다.

농업Landwirtschaft

독일은 전체 면적의 1/2이 넘는 땅을 농사에 이용한다. 전체 인구 중 400만 명이 농업에 관련된 산업에 종사하고 있다. 독일의 주요 곡물은 밀, 옥수수와 보리이다. 면적의 60%에서 곡물을 생산하고 있다. 독일은 EU 최대의 돈육 생산국이고, 우유도 EU 최대 공급국이다. 독일은 유럽에서 두 번째로 큰 육우의 생산국이자 공급국이다. 최근에는 유기농산물 수요가 증가함에 따라 유기농 생산에 관심을 가지고 재배작물을 바꾸는 농업인구가 증가하고 있다. 최근 유기농업 종사자들은 'Biokreis'와 'Naturland' 등의 협동조합 등에 가입하여 활동하고 있다. 그러나 최근 농가의 수는 점차적으로 낮아지는 추세이다.

광업Bergbau

독일 광산의 주요 생산물은 소금, 청동, 석탄, 역청탄, 갈탄, 천연가스 등이다.

2018년에는 석탄이 고갈될 예정이라고 한다. 루르 지역^{Ruhrgebiet}, 아헨의 에르켈렌츠-호르스터 지역^{Das Erkelenz-Horster Revier}, 이벤뷔렌 지역^{Das Ibbenbürener Revier}에서 역청탄이 생산된다.

박람회|Messe

'Messe'는 광의의 개념으로는 전시회, 국제회의, 이벤트를 통칭하는 개념이고, 협의의 개념은 하나의 전시회를 의미하거나 전시가 열리는 전시장을 의미하기도 한다. 박람회는 지난 세기에 세계에서 가장 활발했던 산업 분야 중 하나이다. 독일에서는 무역 전시를 지역의 경제발전을 가져오는 원동력이자, 관광국으로 부상할 수 있는 매체로 평가하여 적극적으로 지원하고 있다. 2010년 독일에서 개최된 전시회 및 미팅 건수는 총 542건으로 유럽 최고 수준이었으며, 미국에 이어 세계 2위 기록이다. 독일은 세계 최고 수준의 인프라를 구축하여 전 세계 비즈니스의 가교 역할을 하고 있다. 세계 30대 전시장 중 하노버, 프랑크푸르트, 쾰른, 뒤셀도르프의 박람회장이 포함된다.[3]

하노버 박람회장   하노버는 교통의 중심지로, 하노버의 도로와 철도는 유럽 각국의 수도인 파리, 베를린, 모스크바, 빈과 로마에까지 연결되어 있다. 이러한 교통의 유리함으로 하노버에서는 산업박람회가 많이 개최되어, 하노버 박

---

3   김봉석(2005), 독일의 무역전시 산업정책에 관한 연구 – 독일 정부의 해외전시지원정책을 중심으로, 무역학회지 제30권 제4호(5~27쪽), 6~11쪽 참조.

람회장은 독일 내에서 가장 큰 박람회장으로 손꼽힌다.

하노버 박람회장에서 열리는 대표적인 박람회는 매년 2월에 개최되는 국제 정보통신 박람회인 CeBIT(Center for Bureau, Information, Telecommunication)이다. 1947년부터 시작된 하노버 산업박람회^{Hannover Messe}는 3월에 열린다. 2005년부터 매년 동반 국가를 지정하여 해당국의 산업과 문화를 집중 조명하고 있다.

베를린 박람회장　　베를린 박람회장은 쌍둥이 건물로 80개 홀에 9,100명을 수용할 수 있어 대규모 전시 유치도 수월하다. 1924년부터 베를린 박람회장에서 열리는 베를린 국제가전박람회 IFA(Internationale Funkausstellung)는 세계 최대 규모의 가전제품 박람회로, 원래의 명칭은 국제전파제품 박람회였다. 1930년에 물리학자 아인슈타인이 국제가전박람회에서 했던 기조연설이 유명하다.

그 외에 베를린 국제관광박람회(ITB)가 있는데, 이 박람회에서는 각국의 관광 상품, 홍보, 여행 관련 각종 서비스를 안내한다.

프랑크푸르트 박람회장　　프랑크푸르트 박람회장에서 열리는 대표적인 박람회는 프랑크푸르트 도서박람회^{Frankfurter Buchmesse}이다. 이 박람회는 매년 10월에 5일간 개최되는 세계 최대의 도서전이다. 1976년부터 프랑크푸르트 도서전에서는 주빈국^{Ehrengast}을 선정해 그 나라의 출판과 문화를 집중 조명하고, 당대의 관심사를 반영한 중점 주제를 정해 수준 높은 전시, 콘퍼런스와 강연회 등 다양한 프로그램을 마련한다.

그 외에 프랑크푸르트 소비재 박람회 'Ambiente'와 'Tendence'도 있다.

쾰른 박람회장　　　쾰른 박람회장에서 열리는 박람회 중 대표적인 박람회는 쾰른 아트페어Art Cologne이다. 쾰른 아트페어는 세계에서 가장 오랜 역사를 지닌 국제 미술시장으로, 해마다 4월에 열린다. 1967년 9월에 개최된 첫 번째 쾰른 아트페어는 18개의 갤러리가 참여하여 개최되었는데, 1만 5000명의 미술가와 미술 애호가 등의 방문객이 참여해 큰 성공을 거두었다. 2007년부터 4월에 개최되고 있다. 쾰른 아트페어에서는 1988년부터 현대 미술 발전에 기여한 사람에게 1만 유로의 상금을 수여한다. 유명 화랑이 참여하며, 참가하는 갤러리를 엄격하게 선정하기 때문에 새로운 화랑이 참여하기는 어려운 것으로 알려져 있다. 스위스 바젤, 미국 시카고, 프랑스 피악, 스페인 아르코 아트페어와 함께 세계 5대 아트페어의 하나로 손꼽힌다.

그 외에 쾰른 국제가구박람회(IMM Cologne)는 세계 3대 가구박람회 중 하나로, 매년 1월에 쾰른에서 개최된다.

뒤셀도르프 박람회장　　　뒤셀도르프 박람회장에서 열리는 대표적인 박람회는 다음과 같다. 뒤셀도르프 플라스틱 및 고무박람회는 1965년부터 개최되었으며 3년에 한 번씩 개최된다. 뒤셀도르프 인쇄 및 제지기술 박람회(Drupa)는 1951년에 처음 개최된 이후 매 4년 주기로 개최된다. 이 외에 뒤셀도르프 국제신발박람회(GDS) 등이 있다.

VI

독일인의 일상

1. 매스컴Massenkommunikation

일간지Tageszeitung와 주간지Wochenschrift

독일 일간지 중 가장 판매율이 높은 일간지는 대중지 〈빌트Bild〉로, 발행지는 함부르크이다. '그림'이라는 의미를 가진 제호에 어울리게 사진과 큰 글씨의 제목으로 일반대중에게 압도적인 인기를 누리고 있으며 가장 많이 인용되는 매체로 꼽힌다. 발행 부수와 판매 부수는 적으나 여론 형성을 주도하는 유력한 일간지는 〈프랑크푸르트 일간지Frankfurter Allgemeine Zeitung〉이다. 〈빌트〉와 〈프랑크푸르트 일간지〉는 보수 성향의 신문으로 평가된다. 그 외에 〈디 벨트Die Welt〉, 자유주의적이고 좌파적인 성향인 〈남부 독일 일간지Süddeutsche Zeitung〉, 좌파 지식인의 입장을 대변하는 〈프랑크푸르터 룬트샤우Frankfurter Rundschau〉 등이 있다.

유력 주간지로는 〈라이니셔 메르쿠르Rheinischer Merkur〉, 진보 성향의 시사잡지 〈슈피겔〉 등이 있다. 1993년 1월부터 주간지 〈포쿠스Focus〉가 발행되어 성공을 거둠으로써 〈슈피겔〉지와 경쟁하고 있다. 매주 목요일에 발행되는 〈슈테른Stern〉과 화보가 많이 들어 있는 잡지 〈분테Bunte〉도 있다. 최근 인터넷의 확산으로 신문 구독 부수와 광고 수입이 줄어들어 100개 이상의 신문이 유료기사 시스템을

도입하였다.[1]

방송국Rundfunk

공영 방송

_ 독일 제1공영 TV 방송은 16개의 연방주가 운영하는 11개의 공영방송공사가 독일 공영방송연합 ARD(통칭 제1공영 방송)를 설립해 공동으로 운영하는 제1TV(Das Erste) 채널이다. 서부 독일방송 WDR(West Deutscher Rundfunk)은 공영방송으로 ARD에 가맹되어 있으며, 본사는 쾰른에 있다.

_ 독일 제2공영 방송인 ZDF(Zwites Deutsches Fernsehen)는 마인츠에 소재하며, 11개의 공영방송사의 연합 형태로 운영되는 ARD와는 달리 단일조직 형태를 띠고 있다. ZDF는 11개 주에 스튜디오를 운영하고 있으며, ARD와 공동으로 프로그램 조정위원회를 설치하여 상호 조정을 도모하고 있다.

_ 국제 방송 DW(Deutsche Welle)는 국영 해외 방송으로 독일을 해외에 소개하는 임무를 가지고 있다. 30개 언어로 방송되고 있으며, 1995년 7월부터는 24시간 전일 해외 TV 방송을 실시하고, 2015년부터는 24시간 영어 방송을 제공하고 있다. 본사는 쾰른에 있다.

---

1   Peter Hinderer und Janet Schayan(Hrsg)(2015), *Tatsachen über Deutschland*, Societät-Medien Verlag 참조.

상업 방송　　　SAT1은 PKS(Programmgesellschaft für Kabel- und Satellitenrundfunk)로 개국했으나 1985년 1월 1일에 SAT1로 이름을 바꾸었다. 이어 상업 방송인 RTL이 출범했다. SAT1과 RTL은 스포츠, 오락, 영화, 시사물의 방영에 주력하고 있는 방송이다. RTL의 본사는 쾰른에 있다. 그 외에 뉴스보도를 송출하는 PRO7과 음악 전문 프로그램 MTV를 송출하는 VIVA, 스포츠를 방영하는 DSF, 영화 상영에 주력하는 Premiere 등이 있다.

2. 공휴일Feiertag

공통 공휴일　　　독일은 기독교를 국교로 정한 것은 아니나, 기독교 문화 위에 세워진 국가이기 때문에 기독교와 관련된 명절이 많다. 모든 주에서 공통적으로 적용되는 공식 휴일은 다음과 같다.

_ 신년Neujahrstag은 1월 1일로, 독일 전역에서 1일과 2일에 걸쳐 공휴일로 지정되어 있다.

_ 노동절Tag der Arbeit 혹은 오월제Maifeier는 국제사회주의회의에서 노동자의 단결과 친목을 위해 5월 1일을 노동절로 제정했기 때문에 노동절로 더 많이 알려졌다. 오월제는 게르만의 관습에 따른 축제이다. 오월이 되면 나무를 잘라 마을의 광장에 세우고, 그 주위를 돌며 춤을 춘다. 이 나무를 오월의 나무Maibaum라 한다.

지금도 남부에서는 오월의 나무를 세우는 행사를 한다.

_ 베를린 장벽이 붕괴된 10월 3일은 독일이 다시 통일된 것을 기념하는 통일기념일Tag der deutschen Einheit이다.

종교적인 공식 휴일은 다음과 같다.

_ 성금요일Karfreitag은 부활절 이틀 전인 금요일을 칭하는 것으로, 예수님이 수난을 당하고 십자가에 못 박혀 돌아가신 날을 기념하는 것이다. 부활절은 춘분인 3월 21일 이후 만월 뒤의 첫 일요일로 정해지는데, 만월과 일요일이 겹치면 그다음 일요일이 부활절이 된다.

_ 부활절Ostern(부활절 일요일Ostersonntag)은 수난의 금요일에 돌아가신 예수가 3일 만에 다시 부활한 날을 기념하는 것이다. 부활절은 3월 21일 이후의 첫 만월 후의 첫 일요일로, 이날부터 부활절 축일이 시작된다. 부활절 월요일Ostermontag은 부활절 다음 날로, 기독교 축일로서 부활절 월요일만 법적인 휴일이다.
부활절 시기에는 다산과 풍요를 상징하는 토끼, 어린 양 등의 그림이 그려진 빵이나 과자, 달걀 등을 볼 수 있다. 초기 기독교 시대에 달걀은 생명과 부활의 상징으로 여겨졌다.

_ 예수 승천일Christi Himmelfahrt은 부활절로부터 40일째 되는 목요일이다.

부활절 달걀 장식
© Hans R. Uthoff

부활절 장식
© Eric Eichberger

_ 오순절Pfingsten(성령강림절이라고도 한다)은 부활절 50일 후를 기념하는 것으로, 하늘에서 성령이 강림한 것을 기념하는 축일이다. 기독교도들은 오순절을 신도들에게 성령이 내린 날, 즉 성령강림절이라 한다. 또 오순절은 '교회의 탄신일'이라고도 불린다.

_ 12월 25일의 크리스마스Weihnachtstag와 크리스마스 다음 날Zweiter Weihnachtsfeiertag 인 12월 26일이 공휴일이다.

주별 공휴일

신교를 믿는 주는 예수와 관련된 축일을, 구교를 믿는 주는 성모 마리아와 관련된 축일을 축하하고 공휴일로 정하고 있다.

_ 주현절Heilige Drei Könige은 1월 6일로, 동방의 세 박사가 베들레헴에서 탄생한 그리스도를 방문한 날을 기념하는 것이다. 바덴뷔르템베르크, 바이에른, 작센안할트 주에서 공현대축일(주현절)을 공휴일로 지정하고 있다.

_ 성체축일Fronleichnam(라틴어는 Corpus Christi)은 매년 삼위일체 대축일 후의 목요일이며, 이때 성체 강복과 성체 행렬을 한다. 이는 그리스도가 제정한 빵과 포도주에 의한 기념제의에 참가하는 것을 의미한다. 삼위일체 대축일은 성령강림절 후 첫 번째 맞이하는 주일이다. 바덴뷔르템베르크, 바이에른, 헤센, 노르트라인베스트팔렌, 라인란트팔츠, 자를란트, 작센과 튀링겐 주에서 성체축일을 공휴일로 지정했다.

_ 성모승천대축일Mariä Himmelfahrt은 하느님이 성모 마리아를 하늘나라에 불러올리신 날을 축하하는 날로, 8월 15일이다. 바이에른과 자를란트 주에서 성모승천대축일을 공휴일로 지정했다.

_ 종교개혁 기념일Reformationstag은 마르틴 루터의 종교개혁을 기념하는 날로 10월 31일이다. 루터는 1517년 10월 31일 비텐베르크 대학교 부속 교회당 정문에 '95개조의 논제'라는 제목으로 돈을 받고 죄를 면해 주는 면죄부 판매 등 교회의 부당한 처사를 비판하는 문서를 전격 게시하면서 종교개혁을 시작하였다. 브란덴부르크, 메클렌부르크포어포메른, 작센, 작센안할트와 튀링겐 주에서 종교개혁 기념일을 공휴일로 지정했다.

_ 만성절^{Allerheiligen} 혹은 모든 성인 대축일은 11월 1일로, 모든 성자들을 기리는 날이다. 만성절 전날은 핼러윈^{Halloween}이다. 바덴뷔르템베르크, 바이에른, 노르트라인베스트팔렌, 라인란트팔츠와 자를란트 주에서 만성절을 공휴일로 지정했다.

_ 속죄의 날^{Buß- und Bettag}은 강림절(크리스마스 이전 4주간) 첫 주일 바로 직전의 수요일이다. 작센 주에서는 속죄의 날을 공휴일로 지정했다.

기타 축일

_ 12월 6일은 니콜라우스 폰 미라 주교를 추모하는 니콜라우스 축일^{Nikolaustag}이다. 그는 3~4세기 동로마 제국에서 활동하였던 기독교의 성직자로, 산타클로스의 유래가 된 인물이며, 가난한 사람들을 위해 자선 활동을 하였던 것으로 유명하다.

_ 강림절^{Advent}이라는 단어는 라틴어에서 왔으며 도착이란 뜻으로, 성탄절을 준비하는 기간을 의미한다. 독일에서는 크리스마스 4주 전부터 매주 하나씩 초를 켜고, 4개의 양초에 불이 붙으면 성탄절이 된다.

크리스마스 마켓, 목골가옥, 거대한 초
© Bernhard Diehl

_ 연말축제^{Silvester}(실베스터)는 12월 31일

에 벌어지며, 많은 사람들이 길거리에 나와 춤을 추고 술을 마시며 이날을 축하한다. 자정이 되어 새해가 시작되면 길거리에는 불꽃놀이 축하 행사가 마련되고, 폭죽과 샴페인을 터뜨리면서 새해를 맞이한다.

3. 교육 Erziehung

독일은 해외 유학생들이 미국과 영국 다음으로 선호하는 나라이다. 독일에서는 만 6세부터 9년에 걸친 의무교육을 받도록 되어 있다. 독일의 교육과정은 다음과 같다.

킨더가르텐 Kindergarten 우리나라의 유치원에 해당하는 킨더가르텐은 독일의 교육학자 프리드리히 프뢰벨 Friedrich Fröbel (1782~1852)에 의해 만들어졌다. 그는 1837년 블랑켄부르크 Blankenburg 에 최초의 유치원을 열었다. 프뢰벨이 유치원 교육에서 추구하는 가장 핵심적인 목표는 놀이와 창의적인 활동을 통해 어린이의 정서 발달과 재능 개발을 돕고 창의성을 발전시키는 것이다. 더 나아가 사회성과 도덕성을 발달시키고 올바른 생활습관을 익히는 등 인성교육에도 중점을 두고 있다. 이것이 세계적으로 확산되어 킨더가르텐이 유치원의 대명사로 쓰이게 되었다.

유치원은 만 3세부터 초등학교 입학 전까지의 아이들이 다니는데, 의무교육은 아니다. 아이들은 대부분 오전에만 다니지만 종일반도 있다. 유치원 교육의 핵심은 언어능력 촉진, 인성 신장, 사회성 교육과 놀이 활동이다.

초등학교^{Grundschule} 만 6세부터 초등학교 입학이 가능하다. 일반적으로 초등
학교의 교육 기간은 4년인데, 베를린과 브란덴부르크에서는 6년이다. 학생들은
오전 8시에 등교하여 낮 12시까지 수업을 듣는다. 선생님 한 분이 같은 학생을 1학
년에서 4학년(또는 6학년)까지 담임한다. 기초교육을 마친 아동은 학업 능력과 적성
에 따라 하우프트슐레, 레알슐레, 김나지움과 게잠트슐레 중 하나를 선택하여 진
학한다.

중등교육기관

_ 하우프트슐레^{Hauptschule}는 5년제 학제로, 다른 학제에 비해서 학업 수준이 가
장 낮은 편이다. 졸업 후 직장 생활에 기초가 되는 외국어(대개 영어)를 가르치고
있다. 독일 부모들도 아이들이 인문계 학교인 김나지움을 졸업하기를 바라기
때문에, 이 학교는 점차 입학 희망자가 줄어들고 있다. 재학 중 2년 반 내지 3년
동안 일주일에 한 번씩 견습생으로 일한다. 이 학교를 다니는 학생들이 2년 더
학교를 다니고, 우리나라의 수능시험에 해당하는 아비투어^{Abitur} 시험에 합격하
면 일반 대학교나 직업전문대학^{Berufsoberschule}에 다닐 수 있는 자격이 주어진다.

_ 레알슐레^{Realschule}(실과학교)는 5학년에서 10학년까지 6년 과정이며, 하우프트
슐레와 김나지움의 중간 수준이다. 이 학교도 대학 진학과는 상관없는 학교로,
학생들이 경제와 행정 분야에서 중급에 해당하는 직책을 갖도록 준비시킨다.
어떤 학생들은 2년 반이나 3년 동안 일주일 중 하루를 견습생으로 일하기도 한
다. 독일 산업체는 이들 견습생을 보조해 주고 도제 기간이 끝나면 대부분을 채

용한다. 어떤 학생들은 10학년을 끝낸 후, 전문고등학교Fachoberschule에 2년을 더 다니고 졸업증을 딴다. 이 기간 중 6개월 동안 견습생으로 일한다.

이곳을 졸업한 학생들도 아비투어 시험에 합격하거나 전문대학에 최소한 1년을 다니면 일반 대학교에 다닐 수 있다. 이곳 학생들의 대부분은 기술, 사회과학, 과학, 비즈니스의 분야를 집중 공부할 수 있는 전문대학에서 학위를 받으려고 한다.

_ 김나지움Gymnasium은 대학 진학을 준비시키는 인문계 고등학교로, 5학년부터 12학년까지 8년 과정이다. 김나지움에는 11~12학년까지의 상급단계가 있다. 대학 진학 없이 진로를 택하려는 학생은 10학년 이후에 학교를 그만둘 수도 있다. 이런 진로를 선택한 학생에게는 레알슐레의 졸업생과 같은 자격을 준다. 12학년 3~5월에 치르는 졸업시험인 아비투어 성적에 따라 대학 진학 자격이 주어진다. 아비투어 시험은 기본 과목 2개, 선택 과목 2개로 모두 4과목이다. 시험 문제는 주어진 자료나 텍스트를 분석하여 논술하는 주관식으로 출제되며, 일선 학교의 교장과 교사에게 시험에 관한 모든 권한을 일임하고 있다.

_ 게잠트슐레Gesamtschule는 초등학교 4학년 이후 진로를 선택하게 한 것에 문제가 많다는 지적에 기존의 제도를 보완한 학교이다. 하우프트슐레, 레알슐레, 김나지움의 형태를 혼합한 학교이다. 보통 5학년부터 10학년까지의 과정으로 되어 있다.

대학교육 Universitätsbildung　　　독일의 대학은 종합대학교, 전문단과대학, 예술대학과 공과대학이 있다. 독일의 전통적 학위제도는 다른 나라와 다른 시스템을 지니고 있었다. 대학 학위의 명칭은 디플롬Diplom(이공계 석사)과 마기스터Magister(인문계 석사)이다. 디플롬 학위는 자연과학, 공학, 경제학, 사회과학 분야에 수여되며, 마기스터 학위는 문학, 언어학, 철학, 교육학 등 정신과학 분야와 인류학, 고고학, 민속학, 지리학, 미학 전공자에게 수여된다. 마기스터 과정은 대개 2개의 주전공이나 1개의 주전공과 2개의 부전공을 공부하도록 되어 있다.

디플롬으로 학위를 마치는 학과는 포어디플롬프리풍Vordiplomprüfung, 마기스터와 국가자격시험으로 학업을 마치는 학과는 츠비셴프리풍Zwischenprüfung이 진급시험에 해당한다. 일반적으로 4학기나 5학기 이수 후에 치러야 한다. 디플롬과 마기스터 학위를 취득한 사람으로 학점이 우수한 사람은 지도교수의 허락을 받아 박사과정에 진학할 수 있다. 박사 학위를 받은 후에는 '교수 자격 취득Habilitation' 논문을 쓸 수 있다.

1999년 6월 19일에 유럽 29개국의 교육 장관들이 볼로냐에 모여, 2010년까지 유럽 각국 대학의 제도와 교육 내용을 혁명적으로 개혁하기 위해 합의하였다. 볼노냐 협정Bologna-Prozess의 주요 개혁안은 전통적 학위제도인 디플롬과 마기스터를 미국식의 학사Bachelor와 석사Master 과정으로 전환한 것이다.

최근 독일은 국제화에 힘을 쓰고 있다. 1987년에는 ERAMUS 프로그램을 만들어 대학생들이 재학 중에 외국 체류를 경험하도록 지원하였다. 2014년부터는 ERAMUS+프로그램을 만들어 시행하고 있다.

_ 바푀그BAföG는 연방교육촉진법Bundesausbildungsförderungsgesetz의 약자로, 1971년 빌리 브란트Willy Brandt 총리가 도입한 학자금 대출제도이다. 부모의 수입에 따라 최대 월 670유로까지 대출받을 수 있다. 대출한 돈은 취업한 이후에 이자 없이 원금의 50%만 갚으면 된다.

_ 독일 대학의 등록금은 거의 무료이지만, 사회적 분담금Sozialbeitrag은 지불해야 한다. 학교마다 차이는 있지만 학생들은 사회적 분담금으로 보통 학기당 40만 원 정도의 돈을 낸다. 여기에는 교통비가 포함되어 있어 학생증을 제시하면 대중교통을 무료로 탈 수 있다. 단 기차 이용 시 고속철인 ICE나 IC의 1등석은 제외된다. 자전거를 이용하는 학생이라면, 사회적 분담금에서 교통비를 제외하고 납부하면 된다.

전문단과대학Fachhochschule   독일 전문단과대학의 최종 학위는 디플롬으로, 대략 8학기를 공부한다. 전문단과대학에서는 엔지니어, 경영 전문가, 전산정보 전문가, 사회 사업가 내지 사회 교육자, 산업 디자이너, 농학, 임학, 영양학 분야의 전문가가 양성된다.

방송통신대학FernUniversität   방송통신대학은 우리나라의 방송통신대학과 마찬가지로 통신과 직접 출석을 통하여 수업이 가능하다. 1974년 노르트라인베스트팔렌 주의 하겐Hagen에 독일 최초이자 유일한 방송통신대학이 설립되었다. 이 대학의 학점 이수 및 학위 취득은 일반 대학의 경우와 동일하다.

시민대학Volkshochschule   시민대학은 평생교육을 지향하는 독일의 성인 교육기관으로, 국가로부터 지원을 받는다. 시민대학이라는 명칭은 일반 대학을 뜻하는 것이 아니라 이곳이 평생교육의 장임을 의미한다. 이곳을 이용하는 사람들을 위해 어학, 교양, 취미 등을 위한 다양한 프로그램이 제시된다.

직업교육Berufsausbildung   하우프트슐레와 레알슐레를 졸업한 학생들은 직업학교Berufsschule, 직업전문학교Berufsfachschule, 전문고등학교 중 하나를 선택하여 직업교육을 받게 된다. 교육 기간의 경우 직업학교는 3년, 직업전문학교와 전문고등학교는 2년이다. 학생들은 일주일에 하루나 이틀은 학교에서 이론을 배우고 나머지는 일선 산업체에서 훈련을 받게 된다. 국가가 공인한 직업훈련장은 약 470개가 있다.

직업훈련생은 아추비Azubi(예전엔 도제Lehrling)라고 부른다. 직업훈련생은 실습 기간에 실습 수당을 받는다. 3년간의 교육을 마치고 시험에 합격하면 숙련공Geselle이 된다. 졸업 후 다년간 경험을 쌓은 후에 전문학교Fachschule에 진학하여 기술 전문가 인증 마이스터Meister가 되는 시험을 치를 수도 있다. 또는 전문단과대학이나 종합대학으로 진학할 수도 있다.

연방 차원에서 약 200개의 마이스터 자격증이 있다. 마이스터 양성학교Meisterschule는 숙련공 자격을 취득한 사람들이 3년 동안 현장에서 일하고 마이스터로 승급하기 위하여 교육받는 직업훈련학교이다.

예를 들어 소시지 마이스터는 소시지의 원료가 되는 고기를 각 부위별로 손질하는 법, 육제품을 만드는 방법 그리고 관련 법규와 원가 계산에 대한 지식과 능력을 갖추어야 한다. 굴뚝 관리 마이스터는 굴뚝의 재를 털어 내는 작업을 비롯해 보일러의 배기가스 점검과 에너지 효율 관리에 대해 알아야 한다. 재활공학 마이스터는 환자에게 필요한 의료용 보조 기구에 대한 기술과 의학적 지식을 갖추어야 한다.

4. 복지제도 Wohlfahrtssystem

연금보험 Rentenversicherung   견습공을 포함한 피고용인, 특정 자영업자, 징집병 또는 군복무를 대신해서 공공근로를 수행하는 자 및 자원 간병 근로자 등이 연금보험의 적용대상이다. 근로자는 연금보험에 의무적으로 가입해야 한다.

보험료 납부 기간이 5년 이상인 이들은 63세부터 노령연금을 받는다. 노동 능력이 완전히 감퇴된 자에게는 장애연금이 지급된다. 사망 당시 가입자가 연금 수급자이었거나 보험료 납부 기간이 5년 이상인 경우에는 유족연금을 받는다.

실업급여 Arbeitlosengeld   실업급여는 구직자들의 취업 활동을 촉진하기 위한 제도로, 일할 능력이 있는 15~64세의 사람들 중 정부의 지원이 필요한 경우에 지급된다. 지급 수준은 최근 3년간 12개월 이상 사회보험이 적용되는 일자리에 고용된 경우 근로소득과 연계된 소득 대체를 제공한다. 2006년 이후에는 최장 급여 기간을 일반적인 경우는 12개월, 고령자의 경우는 2007년부터 24개월로 하고 있다. 실업급여는 꼭 실업자가 아니더라도, 근로를 하고 있으나 월 소득 금액

이 일정 수준 이하인 경우에도 지급된다.

일할 능력이 없고 정부의 지원이 필요한 자에 대해서는 사회부조금Sozialhilfe을 지급한다.

그 외의 보험들　　　　독일에는 건강보험Krankenversicherung 가입이 의무화되어 있으며, 근무 중 사고나 직업병이 발생했을 때 적용되는 보험이 산재보험Unfallversicherung이다. 그 외에 질병이나 장애 등 건강상의 이유로 직업 활동을 계속할 수 없을 경우에 직업불능연금과 사망연금을 지급한다.

독일은 1995년 1월 1일부터 간병보험Pflegeversicherung을 실시하고 있다. 보험료 액수는 수입에 따라 다르다. 간병 필요성도 세 가지 등급으로 나누어 보조한다.

산모보호Mutterschutz　　　　독일에서 산모들은 출산 전후로 14주에서 최대 3년까지 양육휴가를 얻을 수 있다. 임신한 산모는 출산 6주 전부터는 직장에서 일을 하면 안 되며, 특별한 경우를 제외하고는 출산 후 4개월까지는 해고될 수 없다. 부모는 최고 2년까지 정부로부터 양육비를 지급받는다.

5. 정당Politische Parteien

독일 연방하원은 4년마다 투표권이 있는 18세 이상의 국민들에 의해 선출된다. 연방하원 598 의석 중 절반은 정당의 연방주 명부에 대한 투표를 통해서 배분되고, 나머지 절반은 299개의 지역 선거구 후보자에 대한 투표를 통해서 배분

된다. 군소정당의 난립을 막기 위해서 '5%의 조항'을 두어, 총 유효 투표의 5% 이상 득표하지 못하면 연방하원 진출을 제한하기도 한다.

독일에는 기민당CDU(독일기독교민주주의연합당), 기사당CSU(독일기독교사회연합당), 사민당SPD(독일사회민주당), 좌파당Die Linke 그리고 동맹 90/녹색당Bündnis 90/Die Grünen 등의 5개의 정당이 진출해 있다. 독일의 현 연방정부는 기민당과 기사당 그리고 사민당으로 구성된 연정정부이다. 현재 독일의 총리는 기민당 출신의 앙겔라 메르켈Angela Merkel로, 그녀는 독일 역사상 최초의 여성 총리이다.

기민당은 가톨릭과 개신교 대표들이 1945년 창당한 보수 정당이다. 기민당과 자매정당인 기사당은 1918년 중앙당에서 탈퇴하여 바이에른에서만 활동하고 있다. 그리고 중도 성향의 독일 자유민주당FDP이 있으나 2013년 연방하원 선거에서 5%의 기준을 넘지 못해, 1949년 이래 처음으로 연방하원 진출에 실패하였다.

6. 종교Religion

독일에는 국교가 없으며, 종교가 점점 다원화되고 있다. 독일 인구의 34%가 무교라고 밝히고 있다. 독일 인구 중 신자가 가장 많은 종교는 가톨릭교와 개신교이다. 북쪽 지역은 개신교 지역이고, 남쪽은 가톨릭교 지역이다. 기독교 교인의 연령은 점점 높아지고 교회를 떠나는 신자들이 점차 늘고 있다.

최근 이민자의 증가로 이슬람교의 비중이 증가하고 있다. 독일에는 이슬람 사원이 2,000개 이상 존재한다. 그리고 현재 독일에는 20만 명의 유대인이 살고 있다. 베를린 미테 지구에 있는 유대인 회랑은 독일에서 가장 크다.

7. 교통 Verkehr

독일에서 제1의 교통수단은 자동차이다. 독일이 자랑하는 자동차 전용 고속도로 Autobahn 는 세계에서 가장 촘촘한 고속도로 중 하나이며, 총 길이가 1만 5000km에 달한다. 독일의 고속도로는 무제한 속도구간과 제한 속도구간이 있으나, 요즈음은 제한 속도구간이 많아졌다. 특히 화물을 운반하는 트럭은 시속 80km로 속도 제한이 있다. 무제한 속도구간은 130km이다. 고속도로 통행료는 원래 무료였으나, 점차적으로 유료화되고 있다. 2005년 1월부터 12t 이상의 트럭은 유료화되었다.

최근 독일 정부에서는 철도 Eisenbahn 가 자동차 도로보다 중요하다는 입장을 펴고 있다. 독일의 기차는 초고속열차 ICE(Intercity-Express), IC(Inter City), RE(Regional Express) 그리고 RB(Reginal Bahn)가 있다. ICE는 최대 시속 300km까지 달릴 수 있으며, 평균 250km로 달린다. IC는 최대 시속 200km까지 주행할 수 있으며, ICE보다 저렴하다. RE와 RB는 ICE와 IC보다 속도가 느리며, 독일 국내를 연결한다.

독일의 큰 강에는 배가 다닐 수 있어서, 화물 수송에 활용되고 있다. 그리고 바다와 바다를 잇거나 강과 강을 연결하는 인공 수로들이 조성되어 있다. 대표적인 운하 Kanal 는 다음과 같다. 킬 운하 Kiel Kanal 는 원래 북동해 운하 Nord-Ostsee-Kanal 라는 명칭을 가졌으며, 북해와 발트 해를 연결해 주는 세계에서 가장 많이 이용되는 인공 수로이다. 중부 운하Mittellandkanal는 총 길이가 324.4km에 달하여 독일에서 가장 긴 운하이다. 중부 운하는 엠스 운하-베저 강-엘베 강을 연결한다. 그 외 마인 강과 도나우 강을 연결하는 마인-도나우 운하Main-Donau-Kanal, 엘베와 하벨 강을 이어 주는 엘베-하벨 운하Elbe-Havel-Kanal, 도나우·오데르·엘베 강을 연결해 주는 도나우-오데르-엘베 운하Donau-Oder-Elbe-Kanal 등이 있다.

독일에는 16개의 공항Flughafen이 있다. 그중 가장 큰 공항은 프랑크푸르트 국제공항(정식 명칭은 프랑크푸르트 라인-마인 국제공항Frankfurt Rhein-Main Flughafen이다. 국제공항 코드는 FRA)이다. 두 번째로 큰 공항은 뮌헨 근교에 있는 뮌헨 국제공항(정식 명칭은 프란츠 요제프 슈트라우스Franz Josef Strauß 국제공항)이다.

8. 음식Speise

독일인들은 점심식사에 비중을 많이 두어, 점심에는 주로 따뜻한 음식Warmes Essen을 먹는다. 점심식사의 메뉴는 육류로 된 주요리와 감자요리나 쌀, 샐러드, 수프 등으로 구성된다. 저녁으로는 빵에 소시지, 햄, 치즈 등을 곁들인 음식을 먹기에 찬 음식Kaltes Essen이라 부른다. 독일인들 사이에는 채식주의자들이 많아 식당에도 채식주의자들을 위한 메뉴를 준비한 곳이 많다.

_ 독일인들은 빵Brot을 주식으로 하기에, 빵의 종류도 다양하다. 크게는 효모로 발효된 것과 발효되지 않은 빵으로 구분이 된다. 그리고 밀가루와 호밀 등이 들어간 곡물, 통밀가루, 미세하게 갈거나 거칠게 빻은 밀가루 그리고 해바라기

씨앗 등의 첨가물 종류에 따라 다양한 명칭이 있다. 가장 대중적인 것이 시골풍의 검은 빵Bauernbrot이고, 통밀로 만든 통밀빵Vollkornbrot 그리고 롤빵Brötchen이 있다. 롤빵은 둥글거나 약간 길쭉한 모양이 있다.

브레첼Brezel은 독일인들이 즐겨 먹는 빵으로, 색은 짙은 나뭇가지색이다. 모양은 두 팔이 서로 감싸듯 매듭을 이루고 전체적으로는 하트 모양과 유사하다. 미국에서는 독일에서 건너간 독일 이민자들을 통해 프레첼Pretzel이라는 이름으로 불린다.

_ 독일에는 후식이 발달하여 다양한 케이크Kuchen가 있다. 크리스마스에는 우리나라와 마찬가지로 맛있는 케이크나 쿠헨(과자)을 만들어 가족들과 함께 먹는다.

그중 대표적인 케이크는 다음과 같다. 자두 케이크Zwetschenkuchen는 효모를 넣어 만든 반죽을 철판 위에 깔고 그 위에 씨를 빼서 반 혹은 사등분한 서양자두를 놓고 구운 케이크이다. 여름철에 먹을 수 있는 케이크로, 도시에서는 별미로 간주된다. 때로는 점심에 채소 수프와 같이 먹기도 한다.

독일 전통 체리 케이크인 슈바르츠밸더 키르슈토르테Schwarzwälder Kirschtorte는 크림, 체리 그리고 초콜릿으로 만든 케이크로 독일인들이 가장 좋아하는 디저트 중의 하나이다. 독일의 양파 케이크Zwiebelkuchen는 효모와 밀가루를 섞어 만든 반죽에 볶은 양파와 베이컨 등을 넣어 만든 파이로 독일의 남부 지역에서 많이 먹는다. 모양은 사각형이나 원형으로 되어 있다. 양파 케이크는 와인축제 기간이나 바이마르에서 매년 열리는 민속축제 양파시장Weimarer Zwiebelmarkt에서 제공된다.

렙쿠헨Lebkuchen은 14세기부터 뉘른베르크의 남자수도원에서 만든 것으로 잘 알려진 전통과자이다. 렙쿠헨은 장기간 저장해도 괜찮기 때문에 사람들이 오랫동안 선호한 과자이다. 렙쿠헨은 견과류, 꿀, 생강, 계피, 정향나무 등의 다양한 향료를 사용하여 만든다.

_ 독일의 1년간 일인당 소시지Wurst 소비량이 약 30kg이나 될 정도로, 소시지는 독일 음식 중 가장 중요한 음식이다. 지방마다 음식 재료나 먹는 법이 특색 있게 발달했기 때문에 그 종류도 1,500가지나 된다고 한다. 간, 혀, 피, 내장 그리고 곡류나 채소 등 다양한 재료를 넣기도 한다. 모양은 순대처럼 생긴 것이나 길쭉하게 생긴 것이 있고, 먹는 방법도 물에 삶아 먹는 것, 구워 먹는 것, 빵에 발라 먹는 것 등이 있다.

끓는 물에 데워 먹는 뮌헨의 대표적 소시지인 바이스부르스트Weisswurst, 돼지 피에 베이컨, 돼지 허파 등을 소창자에 넣어 만든 블루트부르스트Blutwurst, 둥근 원형의 단면에 안심과 등심 조각이 보이는 비어싱켄Bierschinken 그리고 뉘른베르크 사람들이 가장 많이 먹는 뉘른베르크 소시지Nürnberger Rostbratwurst가 독일의 대표적인 소시지이다.

_ 독일은 이탈리아, 스위스, 네덜란드, 프랑스와 더불어 유럽의 주요 치즈Käse

생산국 중 하나이다. 독일에서 생산되는 치즈의 종류는 약 150개이다.

_ 학세Haxe는 독일 사람들이 즐겨 먹는 음식 중 하나이다. 그 종류에는 아이스바인과 슈바인학세가 있다. 아이스바인은 소금에 절인 돼지 다리를 양파, 샐러리 등의 채소와 향신료와 맥주를 넣고 푹 삶는 요리이다. 슈바인학세는 물과 맥주를 일대일로 넣은 다음 양파, 월계수 잎, 정향을 함께 넣고 삶은 후에 오븐에 맥주를 부어 가며 구운 요리이다.

_ 사우어크라우트Sauerkraut는 양배추를 채 썰어서 소금에 절인 다음 식초, 설탕, 후추 등의 양념을 넣고 2~3일간 발효시킨 음식이다. 우리나라의 김치와 같이 독일인들이 자주 곁들여 먹는 음식이다.

_ 아인토프Eintopf(찌개)는 완두콩, 양배추, 당근, 감자, 빵, 국수 등을 육수에 끓인 일종의 수프와 같은 음식이다. 경우에 따라 파, 샐러리, 소시지 등을 첨가할 수 있다. 하나의 냄비에 완성된 음식으로 그 역사도 오래되고 세계 곳곳에서도 볼 수 있다. 나치 시대에는 음식이 한 그릇 안에 들어 있어 모든 영양소를 섭취할 수 있기에, 국민공동체라는 의미와 연관시켜 아인토프를 대중화하고 이념적인 의미를 부여하였다. 이 개념은 민속학자 쾨스틀린Konrad Köstlin에 따른 것인데, 그는 이 음식이 섬세한 프랑스 음식과 대립되는 가정요리로 독일의 민족성과 일치한다고 하였다.

마울타셰
© Baden-Württemberg Tourismus Marketing GmbH

_ 마울타셰Maultasche는 슈바벤 지방의 향토음식으로 으깬 고기, 양파, 시금치 등을 넣어 만든 일종의 만두와 같은 음식이다. 마울타셰의 어원에 관해서는 여러 가지 설이 있지만, 그중 유력한 것은 마울브론 Maulbronn 수도원에서 사순절에 고기를 먹는다는 것을 신에게 숨기기 위해 만든 음식이라는 뜻으로 'Maul'이라는 단어가 수도원 'Maulbronn'의 'Maul'에서 왔다고 한다.

_ 슈페츨레Späzle는 슈바벤 지방과 알레만 지역의 향토음식이다. 주요리에 곁들이는 음식이지만, 때로는 주요리가 되어 다른 음식을 곁들여 먹기도 한다. 슈페츨레는 밀가루, 달걀, 소금, 우유를 반죽하여 다양한 모양으로 떼어 내 뜨거운 물에 익힌 음식이다. 슈페츨레는 슈바벤 사투리로, 그 의미는 'Spatz', 즉 참새 혹은 덩어리라는 뜻이다.

_ 현재 일반적으로 말하는 슈니첼Schnitzel은 송아지 고기나 양고기 또는 닭고기를 얇게 펴서 밀가루, 달걀 그리고 빵가루를 입혀 튀긴 음식으로, 먹을 때 레몬즙을 뿌려 먹는다. 보통 슈니첼은 오스트리아에서 시작하여 전 유럽으로 퍼진 비너 슈니첼Wiener Schnitzel을 말한다.

_ 크뇌델Knödel은 감자, 밀가루, 빵, 고기 등의 재료를 크게 뭉쳐 뜨거운 물에 익히는 음식이다. 남쪽에서는 크뇌델, 북쪽에서는 클뢰세Klöße라고 한다.

_ 랍스카우스Labskaus는 북독일, 노르웨이와 덴마크 등에서 많이 먹는 음식으로 소금에 절인 고기를 곁들인 감자요리이다. 독일의 랍스카우스는 고기와 감자를 잘게 다져 요리한 후 양파와 달걀을 곁들이는 것이다.

_ 롤몹스Rollmops는 청어를 소금과 식초로 35일 정도 절인 후 양념한 오이와 양파를 말아서 만든 음식이다. 숙취에 좋다고 알려져 있다.

9. 음료 Getränk

_ 독일 사람들이 마시는 물Wasser은 수돗물Leistungswasser과 생수Mineralwasser가 있다. 독일의 수돗물은 보통 마셔도 되지만, 일반 독일 사람들은 생수를 마시는 경우가 많다. 생수에는 탄산이 있는 것mit Kohlensäure과 없는 것ohne Kohlensäure이 있다. 한국 사람들은 탄산이 있는 물을 먹기 힘들어하는 경우가 많기 때문에, 물을 살 때나 음식점에서 이것을 확인해야 한다.

_ 쇼를레Schorle는 일반적으로 청량음료를 말하는데, 독일 사람들이 여름철에 많이 마시는 음료이다. 일부 지역에서는 쇼를레를 'Spritzer 혹은 Gespritzter'라

고 하기도 한다. 종류로는 아펠쇼를레Apfelschorle와 와인쇼를레Weinschorle가 있다. 아펠쇼를레는 사과 주스와 탄산수를 섞어 만든 것으로 독일인들이 자주 마시는 음료이다. 와인쇼를레는 와인과 탄산수를 섞어 만든 것이다.

그 외에 독일인들이 즐겨 마시는 슈페치Spezi라는 청량음료가 있는데, 이것은 아우크스부르크의 리겔레Riegele 맥주양조장에서 만든 음료로, 물, 과당음료, 오렌지 주스, 레몬 주스, 탄산과 아로마 등을 섞은 것이다.

_ 독일인들은 커피Kaffee와 차Tee를 많이 마신다. 독일에는 커피 체인점이 많이 있는데, 그중 유명한 것은 치보Tchibo이다. 또 독일인들은 식사 때 차를 많이 마시고, 특히 감기에 걸렸을 때 허브차를 많이 마신다. 카모마일, 로즈힙 등 종류도 다양하다. 부모들은 어린이들에게 과일차Früchtetee를 마시게 한다.

10. 술Alkoholisches Getränk

_ 독일의 1인당 맥주Bier 소비량은 세계 3위에 해당된다. 독일의 맥주는 종류가 5,000-6,000여 종이 되고 양조장도 1,500곳이 넘는다.

바이에른 공작 알브레히트 4세는 1487년 11월 30일 맥주를 만들 때에는 물, 보리, 그리고 홉 등 단 세 개의 재료만을 사용해야 한다는 뮌헨 순수령Reinheitsgebot을 공표하였다. 이어서 1516년 4월 23일, 바이에른 공국의 도시인 잉골슈타트Ingolstadt에서 바이에른 공작 빌헬름 4세와 루트비히 4세가 맥주의 품질 향상을 위해 아버지가 제정한 뮌헨 순수령을 바이에른 전체로 확대하였다. 그 이후 일반적으로 바이에른 순수령이라고 한다. 그리고 1918년 4월 4일 바이에른 의회에서 맥주 순수령을 법제화하였다.

독일의 맥주는 저온발효를 하는 하면발효맥주와 고온발효를 하는 상면발효맥주로 구분된다. 독일의 하면발효맥주 중 대표적인 것은 도르트문트산 맥주이다. 그 외에 독일에서 가장 역사가 오래된 쾨스트리처Köstritzer 흑맥주도 유명하다. 독일의 문호 괴테와 학자 빌헬름 폰 훔볼트도 이 맥주에 대해 언급하고 있다. 베를린의 대표적 맥주로는 베를리너 바이세Berliner Weisse가 있다. 이 맥주는 밀로 만들어진 맥주로, 단맛이 나기에 여성들이 선호한다.

상면발효맥주인 쾰른의 가펠 쾰슈Gaffel Kölsch는 700년 이상의 역사를 가지고 있다. 노르트라인베스트팔렌 지역의 특산 맥주 알트비어Altbier 역시 상면발효맥주이다. 바이에른을 중심으로 생산되는 상면발효맥주로는 바이첸비어Weizenbier가 있다. 다른 맥주보다 밝은 색을 띠어서 바이스비어Weissbier라고도 한다. 맛은 우리나라의 막걸리 맛과 비슷하다.

맥주와 레모네이드를 섞은 라들러Radler라는 맥주도 있다. 라들러는 알코올 농도가 약하기 때문에 한 잔 정도는 마셔도 자전거를 탈 수 있다. 어린이나 임산부가 마실 수 있는 말츠비어Malzbier도 있는데, 그 맛은 꿀 허브차와 비슷하다.

_ 독일 사람들이 애호하는 사과주Apfelwein는 과실주Apfelmost 혹은 Most라고 부르기도 한다. 알코올 도수는 5~7도 정도이다. 오스트리아에서는 감기에 걸렸을 때나 추운 날에 와인Wein을 따뜻하게 데워서 아펠바인을 마시는데, 이것을 글뤼모스

트Glühmost라고도 한다.

독일의 와인은 130여 개국으로 수출할 정도로 사랑받고 있다. 독일에서 생산되는 와인의 65%가 화이트와인이며, 독일 와인의 주산지는 라인 강 유역, 프랑켄, 팔츠 그리고 바덴 등이다.

독일은 포도를 따는 방법, 수확 시기, 포도의 성숙도, 과즙의 당도에 따라 일반적으로 마시는 타펠와인Tafelwein, 크발리테츠와인Qualitätswein 그리고 최상급의 와인을 칭하는 Q.M.P(Qualitätswein mit Pradikat)로 구분한다. Q.M.P에는 여섯 종류의 와인이 있는데, 그 종류로는 카비넷Kabinett, 슈페트레제Spätlese, 아우스레제Auslese, 베렌아우스레제Beerenauslese, 트로켄베렌아우스레제Trockenbeerenauslese, 아이스바인Eiswein 등이 있다. 카비넷은 10월의 일반적인 수확기에 포도를 수확해서 만든 와인이다. 슈페트레제는 일반 수확 시기보다 약간 늦게 수확한 것이다. 아우스레제는 정상 시기보다 늦게 잘 익은 포도만을 선별한 것이다. 베렌아우스레제는 완숙한 포도를 선별해 만드는 와인이다. 아이스바인은 서리 맞은 포도로 만들어 당도가 높다. 독일 사람들은 전통적으로 강림절 기간이나 크리스마스 때에 레드와인에 허브나 과일을 넣고 끓여 먹는 글뤼바인Glühwein을 즐겨 마신다. 크리스마스 동안 어린아이를 위해 향기가 나게 한 주스 글뤼바인을 팔기도 한다.

독일과 오스트리아에서는 스파클링 와인을 젝트Sekt라 한다. 프랑스의 샴페인도 스파클링 와인이다.

_ 독일의 증류주Branntwein는 1차 발효된 양조주를 증류시켜 알코올 도수를 높

인 술이다. 독일에는 체리를 발효시킨 키르슈바서Kirschwasser, 감자나 곡물로 만든 증류주인 슈납스Schnaps 등이 있다. 증류주의 도수는 15도 이상이다.

11. 전통의상Trachtenanzug

독일 남성들의 전통의상은 가죽바지라는 의미의 레더호젠Lederhosen과 상의에 걸치는 트래거Träger이다. 특히 레더호젠은 바이에른과 오스트리아의 일부에서 많이 입는 의상이었다. 나치 정권에서 이것을 국가의 전통의상으로 만들었다. 바지는 짧은 바지와 무릎까지 오는 바지로 구분된다. 짧은 바지는 주로 노동과 사냥을 할 때 입고, 무릎까지 오는 바지는 축제 때 입는다. 여성들의 전통의상인 디른들Dirndl도 오스트리아와 뮌헨의 전통의상이다. 디른들은 가슴 부위를 정방형으로 판 상의와, 허리 부분을 묶는 치마와 앞치마로 구성되어 있다.

독일전통의
© Rainer Kiedrowski/Deutsche Zentrale für Tourismus e.V.

VII

독일의 축제, 여가와 문화관광콘텐츠

1. 국민스포츠 축구

축구는 독일 최고의 인기 스포츠이다. 독일은 1954, 1974, 1990, 2014년 월드컵에서 우승을 차지한 축구강국이다. 독일인들의 축구 사랑은 대단히 커서 독일축구연맹Deutscher Fussball Bund에 소속된 회원이 700만 명 그리고 축구팀이 2만 5000개가 있다. 독일 국내 프로축구계의 최상급 리그인 분데스리가Bundesliga의 축구 경기가 있는 날이면 독일 국민들은 열광한다. 2014/15년 18개의 분데스리가 팀이 치른 306번의 경기를 보기 위해 약 1330만 명의 관중이 경기장을 찾았다.

독일 정부는 생활체육 인프라를 마련하고 유지하는 데 많은 돈을 들여, 곳곳에서 체육관과 잔디 구장을 볼 수 있다. 독일의 축구 경기장 중 대표적인 관광 명소는 FC 바이에른 뮌헨의 홈그라운드인 알리안츠 아레나Allianz Arena이다. 이 건물은 스위스 건축가 자크 헤어초크Jacques Herzog와 피에르 드 뫼롱Pierre de Meuron의 걸작이다. 알리안츠 아레나는 또 2006년 월드컵 개막식이 열렸던 곳이다. 알리안츠 아레나의 지붕은 투명하고 햇빛을 잘 통과시키는 재질로 되어 있는 것으로도 유명하다. 특히 독특한 모양의 외관 때문에

알리안츠 아레나
© Bernd Roemmelt/München Tourismus

'고무보트Schlauchboot'라는 별명을 얻게 되었다.

그 외 독일스포츠연맹Deutscher Sportbund이 있는데, 여기에 7만 5000개 이상의 스포츠 클럽이 있다.[1]

2. 자전거도로Radweg

독일에는 지역별로 200개의 잘 정비된 자전거도로가 7만km 이상 이어져 있다. 그중 대표적인 것은 7,000km에 달하는 유럽의 자전거도로인 철의 장막 Eiserner Vorhang과 리메스 자전거도로Limes-Radweg이다.

철의 장막은 독일과 체코의 경계선인 바렌트 호수Barentssee에서 흑해까지 이르는 도로이다. 이 도로를 따라가면 150개의 자연보호지역이 있고, 유럽의 생태보호지역을 지정하는 나투라 2000Natura 2000에서 선정한 동식물 서식지 보호지침 지역 그리고 세 군데의 생물권 보호지역인 샬 호수Schalsee, 엘바우엔Elbauen, 뢴Rhön과 국립공원 하르츠 지역을 거칠 수 있다. 독일에서는 그뤼네스 반트를 따라가도록 조성되어 있다.

리메스 자전거도로는 독일의 관광가도인 리메스 가도Limes-Strasse를 따라 조성된 도로로, 라인 강변의 리메스에서 도나우 강변의 레겐스부르크까지 총 818km에 달하는 길이다. 리메스 가도를 달리다 보면 60개의 로마 기념비들을 통해 로마 시대의 역사적 장소를 볼 수 있다.

---

1   Renate Luscher(1998), 통일 독일의 문화와 예술, 김이섭·최경은·배정희 옮김, 담론사, 139쪽 참조.

3. 웰니스 여행

웰니스는 독일에서 여행의 컨셉 중 가장 주목받는 테마로, 요양지Kurort가 웰니스 여행의 대표적인 장소이다. 독일에는 온천협회에서 인증한 총 253개의 온천과 휴양지가 있다. 그중 바트 엠스Bad Ems, 바트 뵈리스호펜Bad Wörishofen, 바트 외인하우젠Bad Oeynhausen 등이 가장 주목을 받는 휴양지이다.

바트 엠스는 라인란트팔츠 주에 있는 지역으로 17세기부터 휴양지로 유명한 지역이다. 19세기에는 유럽의 왕족들과 예술가들이 여름 휴양지로 애용하였다. 황제 빌헬름 1세, 러시아의 황제 니콜라우스 1세와 알렉산더 2세, 바그너, 도스도엡스키가 이곳을 찾았다고 한다.

바트 뵈리스호펜은 바이에른에 있는 온천지대로, 물의 치료 효과를 널리 알렸던 목사이자 물 치료 전문가 제바스티안 크나이프Sebastian Kneipp의 크나이프식 수욕요법Kneipp-Medizin을 행하는 휴양지로 유명하다.

바트 외인하우젠은 노르트라인베스트팔렌 주에 속하는 휴양지이다. 이 도시에서 온천이 발견되면서 19세기에 휴양지로 건립되었고, 20세기에는 노르트라인베스트팔렌 주의 심장병과 당뇨병을 치료하는 병원의 중심지가 되었다.

4. 독일의 축제

라인카니발Rheinischer Karneval　　　　카니발Karneval, 혹은 파스트나흐트Fastnacht, 남부 독일에서는 파싱Fasching이라고 하는 사육제는 봄을 맞이하는 게르만 민족의 행

카니발의 가면
© Eric Eichberger/Deutsche Zentrale für Tourismus e.V.

쾰른 카니발 행렬
© Oliver Franke/Tourismus Nordrhein-Westfalen e.V.

사와 기독교의 축일이 결합된 것이다. 부활절 40일 전인 사순절의 재의 수요일 Aschermittwoch부터 예수의 고난에 동참하기 위해 금욕을 하는데, 금욕 기간이 되기 전에 고기나 술을 실컷 먹자는 의미의 축제이다.

마인츠의 파스트나흐트는 쾰른·뒤셀도르프 카니발과 함께 독일의 3대 사육제로 손꼽힌다.

라인카니발은 라인 강 줄기를 따라 아헨, 본, 뒤셀도르프, 에슈바일러Eschweiler, 코블렌츠Koblenz, 쾰른, 마인츠, 노이스Neuss에서 펼쳐진다. 라인카니발은 11월

11일 11시 11분에 시작한다. 쾰른에서는 카니발의 왕자, 농부 그리고 아가씨가 쾰른을 대표하는 세 개의 별로 등장하여 개회연설을 한다. 사순절 직전 마지막 목요일에 개최되는 여인들의 밤Weiberfastnacht부터 카니발이 본격적으로 시작된다. 그리고 그다음 해 2월 중순 혹은 3월 초의 월요일(사육제의 월요일Rosenmontag이라고 함)까지 계속해서 축제가 벌어진다. 사육제의 월요일에서 'Rose'는 장미란 뜻이 아니라, 광란을 뜻하는 'rasend'의 쾰른 사투리이다.[2] 사육제의 월요일에는 성대한 가장 행렬이 벌어지며 사육제의 정점을 맞이한다. 카니발 기간 동안 쾰른의 많은 술집에서는 속죄 양을 뜻하는 누벨Nubbel이란 인형을 매달아 놓는다. 이 인형은 남자 옷을 입힌 짚으로 된 인형이다. 카니발 마지막 밤에 불태워 버리는 것이 19세기 이후 생긴 전통이다. 제비꽃 화요일Veilchendienstag에 카니발이 마무리된다. 축제의 마지막 날은 사순절이 시작되는 첫날, 부활절 46일 전인 재의 수요일이다. 이날은 축제 기간에 지은 죄를 참회하며 분장을 하지 않고, 고기를 먹지 않으며, 생선 요리를 먹으며 마무리한다. 쾰른에서는 '쾰른이여 영원하라'라는 뜻의 "쾰레 알라프Kölle Alaaf"와 감탄의 탄성인 "헬라우Helau"라는 인사말을 축제 동안 서로 주고받는다.

현대 로마가톨릭 교회에서는 재의 수요일에 종려나무의 가지를 태워 얻은 재와 십자가를 미사에 참석하는 사람들에게 함께 나누어 주며 예배의 의미를 북돋운다.

뮌헨의 옥토버페스트 Oktoberfest　　방문자 수가 630만 명에 달하는 독일의 옥토버

2　　Renate Luscher(1998), 앞의 책, 71쪽 참조.

옥토버페스트
© Pierre Gaff Adenis/Deutsche Zentrale für Tourismus e.V.

옥토버페스트의 전통복장을 입은 취주악단
© Pierre Gaff Adenis/Deutsche Zentrale für Tourismus e.V.

페스트는 브라질의 리우 카니발, 일본의 삿포로 눈축제와 더불어 세계 3대 축제로 불린다. 옥토버페스트는 바이에른의 황태자 루트비히 1세와 작센의 테레제 Therese 공주의 결혼식을 축하하기 위해 열린 경마경기에서 시작되었으며, 1810년 10월 12일에 첫 축제가 열렸다. 후에 점점 규모가 커지면서 맥주를 즐기는 축제가 된 것이다. 그 이후 경마가 열린 잔디공원은 공주의 이름을 따서 테레지엔비제 Theresienwiese로 불리게 되었다. 테레지엔비제는 뮌헨 중앙역 남서쪽에 넓게 펼쳐진 잔디밭을 지칭한다. 보통 독일 사람들은 뮌헨의 옥토버페스트를 "Oide Wiese'n" 이라고 하는데, 바이에른 사투리로 'Oide'는 '오래된'이란 뜻이고, 'Wies'n'은 축제라는 뜻이다. 즉 오래된 축제라는 말로 옥토버페스트로 부르고 있다.

옥토버페스트는 원래는 10월에 열렸기에 10월 축제였으나, 후에 날씨가 따뜻한 9월 말로 앞당겨져, 축제 기간은 9월 둘째 주 토요일에서 10월 첫 번째 일요일까지이다. 개장하는 날 12시 정각에 뮌헨 시장이 그해 첫 생산된 맥주통을 개봉하며 "맥주통이 열렸다O'zapft is"라는 바이에른 말로 개막을 선언하며 축제가 시작된다. 옥토버페스트 기간에는 뮌헨 시가 지정한 6대 맥주회사가 제공하는 거대한 천막, 즉 비어텐트Biertent가 들어선다.

바이로이트 축제 Bayreuther Festspiele 독일 바이로이트 축제(혹은 리하르트 바그너 축제)는 바이로이트에서 1876년 8월 13일 처음 개최된 음악축제이다. 그 후 축제가 중단되기도 하였지만 1951년부터는 매년 40회의 공연이 개최되는 세계에서 가장 유명한 음악축제 중 하나이다. 이 축

바이로이트 축제
© Bayreuth Marketing & Tourismus GmbH

제에서는 19세기의 독일 작곡가 바그너의 오페라 공연이 상연된다. 바그너의 유언에 따라, '음악극'이란 바그너 자신의 독특한 스타일이 완성된 다음 만들어진 10개의 후기 작품들, 즉 「방황하는 네덜란드인」에서 「파르치팔」까지를 공연한다. 축제의 시기는 매년 7월 25일부터 8월 28일까지이다. 바이로이트 축제의 공연장은 바그너가 직접 설계와 건설의 감독을 맡았고, 건축가 브뤼크발트Otto Brückwald가 시공하였다.

록 페스티벌 Rock am Ring 독일에서 1985년부터 열리는 록 페스티벌은 독일 음악축제 중 가장 큰 축제이다. 공연장은 뉘르부르크링Nürburgring에 있다. 록 페스티벌에 참가하는 밴드는 얼터너티브 록, 펑크 록 그리고 메탈 등의 장르를 연주한다.

5. 9개의 테마가도

독일에서 공식 지정된 관광가도는 대략 146개에 해당된다. 그 가운데 가장 유명한 것은 다음의 9개 정도를 꼽을 수 있다.

로만틱가도 Romantische Strasse   로만틱가도는 독일 중남부의 뷔르츠부르크에서 남부 바이에른 퓌센의 노이슈반슈타인에 이르는 총 360km 길이의 도로이다. 로만틱가도는 독일 관광의 가장 인기 있는 루트로 유럽을 대표하는 가장 아름다운 도로로 꼽히고 있다. 로만틱가도는 로마로 통하는 길이라는 뜻으로, 중세에 독일과 이탈리아를 연결하는 주요 교통로이자 교역로였다. 4월부터 10월까지는 프랑크푸르트와 뮌헨에서 출발하여 로만틱가도를 왕복하는 정기노선버스가 운행되고 있다.

로만틱가도에서 대표적인 도시는 뷔르츠부르크, 로텐부르크, 딩켈스뷜 그리고 아우크스부르크를 꼽을 수 있다. 뷔르츠부르크는 프랑켄와인의 중심지이다. "Frankenwein ist Krankenwein"이라는 말이 있는데, 이 말은 프랑켄와인은 병자에게 좋은 와인이라는 뜻이다. 19세기와 20세기 초까지는 의사들이 환자에게 와인을 처방해 주었다. 특히 프랑켄 지방에는 콜레라와 페스트 환자가 다른 지역에 비해 적었기 때문에 특히 이런 말이 통용되었다. 그러다 1912년 프로이센 정부에 의해 이 말의 사용이 금지되었다. 프랑켄와인은 진한 맛의 와인으로 유명하다.

로텐부르크는 로만틱가도의 하이라이트로 중세의 보석이라고 불린다. 타우버 강 상류 연안에 있으며, 중세 성곽과 몇 개의 성문이 옛날 그대로의 형태로 남아 있다. 딩켈스빌은 독일 중세의 성곽을 잘 보존하고 있는 도시로 독일문화 보호재단에 지정되어 있다. 아우크스부르크는 로마의 황제 아우구스투스에 의해 건설된, 독일에서 가장 오래된 도시이다.

고성가도Burgenstrasse　　　고성가도는 이름 그대로 중세 시대의 고성들을 훑어 볼 수 있는 지역들을 연결한 코스다. 만하임Mannheim에서 뉘른베르크에 이르는 가도였다가, EU가 결성되고 나서 체코의 프라하까지 연결되었다. 총 길이가 1,000km로, 가도 주변에는 50여 개의 고성과 폐성이 남아 있다. 최근에는 고성이 호텔로 활용되고 있다.

　1954년 합작 투자회사로 시작된 고성가도의 운영조직은 현재는 협회로 바뀌어 운영되고 있다. 고성가도는 시작점인 만하임에서 하이델베르크, 히르슈호른Hirschhorn, 에버바흐Eberbach, 츠빙겐베르크Zwingenberg, 바트 빔펜Bad Wimpfen, 하일브론Heilbronn, 슈베비슈 할Schwäbisch Hall, 랑겐부르크Langenburg, 로텐부르크, 포이흐트방겐Feuchtwangen, 딩켈스빌 등의 고성이 있는 지역으로 연결되어 있다. 로텐부르크는 로만틱가도와 고성가도가 만나는 지점이다.

　만하임은 독일 최대의 바로크 스타일의 선제후 궁전이 있는 곳이다. 선제후 궁전은 현재는 만하임 종합대학교 건물로 쓰이고 있다. 유겐트 스타일로 완성된 급수탑Wasserturm은 만하임의 랜드마크이다.

알펜가도Alpenstrasse　　　알펜가도는 알펜가도협회에 의해 만들어졌는데, 바이에

그림 형제의 어린이와 가정을 위한 동화 2판
© Andreas Berthel/Stadt Kassel, Kulturamt

하멜른의 공연
© Hameln Marketing & Tourismus GmbH

른 알프스를 쉽게 방문하기 위한 목적으로 출발되었다. 보덴 호수 옆에 있는 린다우에서 오스트리아 국경에 인근한 베르히테스가덴까지 약 450km의 루트이다. 루트비히 2세가 건축했다는 린더호프 성Schloss Linderhof이 있는 오버암머가우Oberammergau와 휴양지로 잘 알려진 가르미슈 파르텐키르헨Garmisch-Partenkirchen이 이 가도에 속한다.

메르헨가도Märchenstrasse　　　메르헨가도는 동화작가 그림 형제의 작품 배경이 된 도시들을 연결해서 만든 루트이다. 그림 형제의 고향이자 그의 기념비가 있는 하나우Hanau에서 브레멘 음악대가 탄생한 브레멘까지 약 600km의 길이다. 메르헨가도의 핵심 도시는 하나우, 알스펠트Alsfeld, 하멜른Hameln, 자바부르크Sababurg, 그림 형제 박물관과 도서관이 있는 카셀 등이다.

하나우는 그림 형제가 태어난 곳으로, 메르헨가도의 기점이 되는 곳이다. 하나우에 있는 그림 형제의 생가는 현재 그림 형제 박물관으로 이용되고 있다. 하나우의 신시청사 앞 광장에는 그림 형제의 동상이 있다.

알스펠트는『빨간 모자Rotkäppchen』의 배경이 되는 곳으로, 매년 9월 말에 펼쳐지는 축제 때 빨간 모자 선발대회를 열기도 한다. 하멜른에서는『피리부는 사나이Rattenfänger』의 야외극을 구경할 수 있다. 브레멘은 브레멘 음악대로 유명하다. 자바부르크에는 그림 형제의『잠자는 숲속의 공주』의 성이 있다. 이 성은 현재 호텔로 사용되고 있다.『라푼첼Rapunzel』의 무대가 된 트렌델부르크Trendelburg 성도 현재 호텔로 사용되고 있으며, 매주 한 차례「라푼첼」연극이 상연된다.

괴테가도Goethestrasse 괴테가도는 베를린에서 괴테의 탄생지인 프랑크푸르트까지 이어지는 루트이다. 이 가도의 핵심 도시는 바이마르, 튀링겐 지방, 바흐의 탄생지 아이제나흐 그리고 바르트부르크Wartburg이다. 바르트부르크는 튀링겐 주의 아이제나흐 시 인근에 있는 성

아이제나흐 바르트부르크
© Eric Eichberger/Deutsche Zentrale für Tourismus e.V.

으로, 중부 유럽에서 가장 뛰어난 봉건주의 시대의 건축으로 손꼽힌다. 종교개혁자 루터가 신변의 위협을 받자, 작센 선제후인 프리드리히가 이곳에 루터를 머물게 하였다. 루터는 이곳에서『신약성서』를 그리스어에서 독일어로 번역하는 작업을 하였다. 1999년 유네스코 세계문화유산으로 지정되었다.

바이마르는 '독일 문화의 원천'이란 별칭을 갖고 있을 만큼, 많은 문화와 음악이 이 지방에서 생성됐다. 아이제나흐는 바흐의 탄생지로도 유명하다.

판타스틱가도Fantastische Strasse   판타스틱가도는 바덴바덴에서 보덴 호반의 콘스탄츠까지 약 300km에 달하는 루트이다. 바덴바덴은 로마의 카라칼라 황제도 온천 치료를 했을 정도로 유명한 곳으로, 독일 최고의 온천 휴양지이다. 보통 3주 동안 진행되는 온천 휴양 프로그램의 지루함을 해소하기 위해 고급 사교장과 카지노를 포함한 완벽한 오락시설이 갖춰져 있고, 최고급 휴양지답게 세계 일류 브랜드숍이 즐비해 그 나름의 쇼핑 메카 구실도 톡톡히 한다.

마리아브론Mariabronn에는 헤르만 헤세의 소설 『나르치스와 골드문트』의 무대인 마리아브론 수도원이 있다.

에리카가도Erikastrasse   에리카가도는 '꽃과 녹음과 물'로 유명한 뤼네부르크Lüneburg와 음악과 인연이 깊은 도시를 연결하여, 총 300km에 이르는 루트이다. 적자색의 에리카 꽃은 독일의 중북부 지역에 위치한 뤼네부르거 하이데 지역의 상징으로 해마다 8~9월에 흐드러지게 핀다.

에리카가도에서 대표적인 도시로는 묄른Mölln, 슈타데Stade, 하노버 등을 들 수 있다. 묄른은 14세기의 유쾌한 이야기꾼 틸 오일렌슈피겔Till Eulenspiegel이 활약했던 곳이다. 슈타데의 성 코스메St. Cosmae 교회에는 세계에서 제일 큰 파이프 오르간이 있는 것으로 유명하다. 하노버는 박람회Messe와 견본시장으로 유명하다.

와인가도Weinstrasse   와인가도는 프랑크푸르트 시의 보켄하임Bockenheim에서 칼스루에 근처 슈바이겐 레히텐바흐Schweigen-Rechtenbach까지 총 85km에 이르는 구간이다. 자동차로도 여행할 수 있지만, 하이킹 코스와 도보여행 코스도 있다. 하이킹 코스는 라인 강변을 따라 팔츠 지역의 네 개의 골짜기를 지난다. 도보여행은 레벤메어Rebenmeer를 거쳐 팔츠 지역의 숲을 지나간다. 와인가도 지역에는 5월부터 축제가 열리며, 8~9월에 절정을 이룬다.

목골가옥가도Deutsche Fachwerkstrasse　　　독일의 목골가옥가도는 북쪽의 엘베 강 어귀에서 시작하여 남쪽의 보덴 호수까지 이어지는 구간으로, 대략 3,000km에 달한다. 이 가도는 독일의 다양한 목골가옥을 유지하려는 의도로, 1975년에 지정되었다.

목골가옥가도는 대략 7개의 지역으로 구분된다. 초록색 루트는 슈타데에서 두더슈타트Duderstadt까지이고, 갈색 루트는 한 뮌덴Hann. Münden에서 슈타이나우Steinau까지이며, 주황색 루트는 슈톨베르크Stolberg에서 슈말칼덴Schmalkalden까지이다. 푸른색 루트는 에버스바흐Ebersbach에서 코트마르Kottmar까지이다. 노란색 루트는 딜렌부르크Dillenburg에서 횏스트Höchst까지이다. 보라색 루트는 트레부르Trebur에서 에르바흐Erbach까지이다. 붉은색 루트는 모스바흐Mosbach에서 슈바르츠발트와 보덴 호수까지를 말한다.

6. 테마파크

권츠부르크의 레고란트 Legoland　　　권츠부르크Günzburg에 있는 레고란트는 장난감 레고를 테마로 한 놀이터와 놀이기구가 있는 테마파크로, 덴마크의 빌룬드Billund, 영국의 윈저Winsor, 미국의 캘리포니아와 플로리다, 말레이시아와 두바이

등 전 세계에 진출해 있다. 독일의 레고랜드는 2002년에 개장하여 독일에서 가장 인기 있는 놀이공원 중에서 4위를 차지하였다. 매년 100만에 달하는 관광객들이 찾아오는 유럽의 관광명소이다.

루스트의 유로파크 Europark　　　　　바덴뷔르템베르크 주에 있는 루스트Rust의 유로파크는 독일 최대 규모의 놀이공원이자 유럽에서는 파리의 디즈니랜드 다음으로 큰 놀이공원이다. 컨셉은 유럽 14개 나라의 모습을 다양한 놀이기구로 재현해 놓은 것이다. 또 다양한 롤러코스터가 있는 것으로도 유명하다. 유로파크는 특히 회의Conference와 오락Entertainment의 결합인 'Confertainment'라는 용어를 만들어 냈다. 유로파크에는 최대 2,000명을 수용할 수 있는 30개의 회의실과 1,300개 이상의 이벤트가 준비되어 있다.

지르크스도르프의 한자-파크 Hansa-Park　　　　　한자-파크는 슐레스비히홀슈타인 주에 위치한 지르크스도르프Sierksdorf에 위치하며 중세 시대를 배경으로 한 테마파크이자 워터파크이다. 125개 이상의 놀이기구가 있어 많은 관광객들이 방문한다. 유럽에서 다섯 번째로 큰 놀이공원에 속한다.

키르메스Kirmes　　　　　키르메스는 'Kirchweih-Messe'의 약자로 보통 야시장 대축제로 번역된다. Kirchweih 혹은 Kirchweihfest는 교회축성이란 뜻으로, 지역마다 각기 다른 명칭으로 불린다. 그 종류로는 Kirmes, Kerwe, Kärwa, Kerb, Kilbi가 있다. 오스트리아에서는 Kirtag 혹은 Kirchtag이라 칭한다.

뒤셀도르프 라인 강변에서 가장 큰 키르메스
© Düsseldorf Marketing & Tourismus
GmbH

　　라인 강변 야시장 대축제 'Größte Kirmes am Rhein'은 뒤셀도르프에서 열리
는 축제로 약 400만 명이 방문하며, 라인 강변에서 열리는 가장 큰 축제이다. 뒤
셀도르프의 키르메스는 7월 셋째 주에 있으며, 보통 9~10일 정도 개최된다. 이
축제는 뒤셀도르프 시의 수호자이자 라베나^{Ravenna}의 첫 주교인 성 아폴리나리스
^{St. Apollinaris}를 기리며, 성 람베르투스 교회^{Basilika St. Lambertus}에서 거행되는 마을 축제
이기도 하다.

VIII

독일의 도시재생

근래 들어 우리나라에서 지자체를 중심으로 도시재생 프로젝트가 많이 진행되면서, 외국에서 성공한 케이스를 벤치마킹하고 있다. 그중 가장 성공적인 예가 독일이다.

디자인 성지로 거듭난 에센의 촐페라인 광산 Zeche Zollverein　에센은 독일 루르지역의 대표적인 탄광도시로, 에센의 촐페라인 광산은 루르 지역에서 가장 크고 오래된 탄광이었다. 촐페라인 광산이 석탄 산업의 사양화와 가격 경쟁력의 상실로 말미암아 1986년 폐광되면서 그 넓은 탄광부지는 폐허로 남게 되었다. 원래 이곳은 촐페라인 광산의 모든 시설을 허물고 나서 상업지구나 주택지구로 변경될 예정이었다. 그러나 촐페라인 광산의 예술적, 사회적, 역사적 중요성을 고려하여 이를 유지하고 보전하자는 의견이 채택되면서, 노르트라인베스트팔렌 주정부는 1986년 촐페라인 광산을 보존한다는 법령을 발표하였다. 그 결과 2001년 촐페라인 광산은 그 산업적 가치와 건축미를 인정받아 유네스코 세계문화유산으로 선정되었다.

촐페라인 광산에서 가장 유명한 것은 유명 건축가 노먼 포스터가 보일러실을 개조하여 재생한 레드닷 디자인 박물관Red Dot Design Museum이다. 현재 이 박물관은 산업디자인 전시공간으로 활용되고 있다.

탄광의 갱도빌딩은 지역의 역사와 변화과정을 담은 루르 박물관Ruhr Museum이

촐페라인의 수영장
© Jochen Tack/Stiftung Zollverein

에센 촐페라인

되었다. 석탄을 가공했던 코크스 공장의 냉각수 저장고는 아이스링크로 변했고, 채굴한 석탄을 날랐던 코스는 산책로가 되었다. 그 외 대형 컨벤션 시설과 각종 문화 행사가 개최될 수 있는 공간 그리고 레스토랑이 마련되어 있다.

세계문화유산이 된 자르브뤼켄의 푈클링겐Völklingen **제철소**　　1873년 쾰른 제철소에 근무하던 엔지니어 율리우스 부흐Julius Buch는 자를란트 주의 주도인 자르브뤼켄 근교에 푈클링겐 제철소를 설립하였다. 1970년대까지 푈클링겐 제철소는 활발하게 성장을 이루었지만, 1980년대 세계적 철강공업의 침체로 인해 위기를 맞이하였으며 결국 1986년에 폐업하였다. 1987년 푈클링겐 제철소의 시설물에 대한 기념물 보호가 결정되고, 1994년에 유네스코가 푈클링겐 제철소의 용광로 시설을 최초로 세계문화유산으로 지정하였다.

필클링겐 제철소
© Hans Peter Merten/Deutsche Zentrale für Tourismus e.V.

ZKM
© Andrew Cowin/Deutsche Zentrale für Tourismus e.V.

2000년 '세계문화유산 필클링겐 제철소 - 예술과 기업문화 유럽중앙부 유한책임회사'가 설립된 후, 필클링겐 제철소는 상업역사 테마 및 체험 파크로 변신하였다. 기념물로는 혼광관, 소결장치, 송풍관이 있다. 또한 필클링겐 제철소는 과학센터 Ferrodrom®을 마련하여, 전시 프로젝트를 실행하고 있다.

군수품 공장에서 미디어 아트센터 ZKM으로　　독일 라인 강변의 산업도시 카를스루에의 '미디어 아트센터 ZKM(Zentrum für Kunst und Medientechnolgie)'의 건물은 원래 1915년 필립 야콥 만츠Philipp Jacob Manz가 설계하여 1918년에 완공한 군수품 제조공장이었다. 이곳은 2차 세계대전 시기에 무기와 탄약을 생산하던 공장이었으나, 전후 20년간 방치되었던 것이다.

ZKM은 1989년 건축사가인 하인리히 클로츠Heinrich Klotz가 법인재단으로 창립하여 1997년 10월 18일에 개관한 세계 최초이자 최대의 복합예술미디어 센터로 평가된다. 이곳에는 현대 미술관, 미디어 미술관, 미디어 도서관, 멀티미디어 극장, 음악·음향 연구소, 시각 미디어 연구소 등의 부속기관이 있다. 그리고 이 부속기관들을 통하여 하드웨어 및 소프트웨어를 개발하는 지역 산업체들과 미디어에 관심이 있는 작가를 연계하는 프로그램, 작품 발표와 제작 지원 그리고 연구, 개발 등 미디어 예술의 진흥에 도움을 주고 있다.

현대 미술관으로 탄생된 뒤스부르크의 퀴퍼 제분소Küppersmühle　　　　루르 지방의 성장과 더불어 필요한 자재와 곡물을 운송하는 뒤스부르크Duisburg 내륙 항구는 1893년 조업을 시작한 이후 대단한 성장을 이루었다. 1860년 설립된 퀴퍼 제분소의 소유주 빌헬름 페더Wilhelm Vedder는 뒤스부르크 내륙 항구의 창시자로서 당시 최신 기술력을 바탕으로 최초의 제분소를 운영하였다. 그러나 퀴퍼 제분소는 국내외 수요시장의 변화가 이루어진 1972년부터 영업이 중단되면서 저장창고와 함께 폐허화되었다.

　뒤스부르크 시는 '국제건축박람회 엠셔파크 프로젝트'의 기본 계획 아래, 곡물창고와 제분소에 대한 현대 미술관 재생사업을 실시하였다. 바젤의 건축가 헤어초크와 드 뫼롱이 1997~1999년에 독일 예술품 수집가인 그로테Hans Grothe의 수집품 전시를 위하여 퀴퍼 제분소 박물관을 디자인하였다. 박물관은 벽돌로 된 건물 전면, 박공지붕과 아치 창호 등의 특징을 보존하면서 전시 공간, 레스토랑, 서비스 공간이 조성되어 있는 오늘날의 박물관으로 완성되었다.[1]

1　http://museum-kueppersmuehle.de/aktuelles/ 참조.

환경공원Landschaftspark**으로 재탄생한 뒤스부르크 철강제철소**   뒤스부르크는 1902년

에 설립된 독일 최대 철강회사 티센Thyssen의 대규모 제철소가 소재하여, 유럽에

서 가장 중요한 철강공업도시 중 하나였다. 뒤스부르크 철강제철소는 1980년

대 아시아 철강업체의 약진에 밀려 철강시설의 노후화가 이루어지고, 20세기

후반에 들어서는 루르 지역의 구조적 변화를 겪으면서 쇠퇴의 길로 접어들어

1985년에는 문을 닫게 된다. 그러나 1989년 '국제건축박람회 엠서파크Emscher-Park

프로젝트'가 시작되면서, '뒤스부르크 환경공원'이 조성되기 시작하였다. 60만

평에 달하는 공장지대와 제철소를 그대로 활용하는 안을 내세운 페터 라츠Peter

Latz가 책임자로 선정되었다. 그의 설계안은 최대한으로 기존 구조물의 존치를

유지하며, 지역 주민을 위한 레저, 문화, 예술, 도심공원을 활용하는 방향으로

계획되었다.[2]

1997년 뒤스부르크 철강제철소는 다목적 테마파크로 탄생하였다. 공장지대

안에 있는 70m의 용광로 굴뚝에는 전망대를 설치하여 공원의 파노라마를 볼 수

있도록 하였고, 화려한 조명을 설치하여 공원의 랜드마크 역할을 하도록 하였다.

대형 가스저장탱크에는 물을 채워 수중 다이빙센터로 만들었다. 공장시설의

벽면은 암벽타기 등반센터로 탈바꿈되어 북부 독일의 최대 등산클럽이 본부를

두고 체험교육장으로 활용하고 있다. 길이 175m에 너비 35m 규모의 발전소는

각종 스포츠 행사 및 대형 이벤트 개최를 위한 컨벤션 시설로 전환되었다. 라츠

는 녹슨 쇳덩어리 야적장인 '철의 광장'에 두께 10cm의 장방형 후판 49개를 정방

2   노창호(2013), 독일 루르 지역의 노후 산업공간 재생 사례 – 엠서파크 프로젝트를 중심으로, 산업일지 Vol.
      52, 27쪽.

형으로 깔아, 전위예술의 무대로 바꾸어 놓았다.[3] 큰 파이프는 미끄럼틀이 되었으며, 기존 시설물의 다양한 재생이 이루어졌다. 환경공원의 하이라이트는 녹지 공간이다.

뒤스부르크 환경공원은 그 외 영화관과 전망대도 갖추어 놓아 연간 100만 명의 관광객이 찾아온다.[4] 뒤스부르크는 국제건축박람회 엠셔파크 프로젝트 중 가장 성공적인 예로, 이 프로젝트로 인해 뒤스부르크는 독일 내에서 손꼽히는 환경도시가 되었다.

복합문화공간이 된 도르트문트 양조장 Dortmund Union Brauerei　도르트문트는 석탄과 철강 산업을 바탕으로 독일의 산업화와 경제성장을 이끌었던 루르 지역의 중심도시로, 1970년대 초까지 성장을 지속하였다. 산업발달로 인해 많은 노동자들이 체류하면서 맥주산업은 도르트문트의 3대 산업 중 하나로 발달하였다. 당시 이 지역을 대표하는 맥주회사는 1873년 설립된 도르트문트 유니온 브라우에라이(양조장)였다. 1970년대 들어 철강과 석탄 산업이 사양길에 접어들면서 도르트문트의 맥주산업도 경쟁력을 잃게 되었고, 1972년에는 도르트문트 맥주회사가 베를린 소재의 기업과 합병되면서 시내 공장들이 외곽으로 이전되었다. 결국 2004년에는 핵심 공장이었던 U타워와 인근 5ha의 부지만이 남게 되었고, 2007년에는 도르트문트 시에 이양되었다.

---

3 성종상(2005), 산업시설 재생의 방향과 전략 연구 – 그린과 문화를 통한 재생사례를 중심으로, 문화정책논총 제17집, 124쪽 이하.
4 [저자와의 차 한잔] '발전소는 어떻게 미술관이 되었는가' 펴낸 건축가 김정후 박사, 서울신문 2013.11.23. 기사 발췌(http://www.seoul.co.kr/news/newsView.php?id=20131123020006).

전통 제조업이 사양길에 접어들고 산업용지와 각종 생산시설들이 방치되면서 도르트문트 시에는 심각한 도시문제가 대두되었다. 이에 도르트문트 시는 각 분야 전문가와 기업가들을 중심으로 프로젝트 팀을 구성하고, 2008년에는 '루르 2010 - 유럽문화수도'를 위한 IBA 엠셔파크 프로젝트의 사전 프로젝트로서 재건사업을 실시하였다. 남아 있던 맥주공장은 외관을 유지하고, 내부에는 다양한 문화 이벤트, 전시, 경제, 뉴미디어 및 영상 등 예술 디자인 관련 인력양성 등을 위한 복합공간으로 재정비하여 2010년에 '도르트문트 창조·아트 U센터'로 개관하였다.

'도르트문트 창조·아트 U센터'의 주요 시설은 다음과 같다. '창조경제 유럽센터The European Centre for Creative Economy: ECCE', '도르트문트 기술대학과 도르트문트 예술·응용과학대학', 'Ostwall 박물관과 Hartware 미디어아트 협회, 문화교육 센터' 등이다. '도르트문트 창조·아트 U센터'는 '루르 2010 프로젝트'의 주요 업무를 담당하여 창조경제 실현을 지원하는 '창조경제 유럽센터'를 중심으로 문화·예술을 과학기술 등과 접목한 전문교육, 창작과 전시 활동, 아동과 청소년을 위한 교육문화 프로그램 등을 운영하고 있다.

독일 최초의 공장건축문화재가 된 도르트문트의 촐레른 탄광 Zeche Zollern **박물관**　　도르트문트에 있는 촐레른 탄광은 1898년에 세워져, 도르트문트 근교 겔젠키르헨Gelsenkirchen 시의 경제 활성화에 큰 역할을 하였다. 그러나 기계화에 적합하지 않은 채굴장의 여건으로 1971년 폐쇄되고 탄광업, 철강, 제강업 등의 전통산업이 발달했던 도르트문트는 슬럼도시로 바뀌게 되었다.

촐레른 탄광
© Jochen Keute

도르트문트의 촐레른 광산 중 I/III 갱도는 키르히린데Kirchlinde에 있고, II/IV 갱도는 뵈빙하우젠Bövinghausen에 있는데, 그 중 뵈빙하우젠에 있는 탄광이 박물관이 되었다. 이곳에 폐허로 방치된 건물 중 기계관은 쾰만Hans P. Koellmann의 제안으로 철거되지 않고 독일 최초의 공장건축문화재가 되었다. 이 건물 안에 남아 있는 기계들은 원형의 상태로 보존되어 후손들에게 당시 최고의 기술을 보여 준다. 1999년 광산의 상설전시회가 문을 열었고, 방문객들에게 루르 지방의 사회·문화사를 보여 주고 있다. 아이들을 위해서는 체험공간이 준비되어 있고 탄광박물관의 특별 안내 프로그램도 있다. 그 외에도 다양한 문화 행사가 이루어지며 회의실도 마련하여 필요한 사람들이 이용하게 하였다.

촐레른 탄광박물관에 가면 삼각형 박공지붕이 돋보이는 붉은 벽돌 건물이 눈에 띈다.

독일 광산박물관 Deutsches Bergbau-Museum**이 된 보훔 광산**Bergwerk Bochum　　보훔은 1960년대까지는 독일 석탄산업의 중심지였다. 그 후 석유가 등장하면서 보훔 시는 쇠퇴하기 시작하였다. 시정부는 결국 탄광을 폐지하고 첨단산업과 대학을 유치하였고 탄광을 박물관으로 재생하였다.

보훔의 광산박물관은 세계에서 가장 큰 광산박물관이다. 이곳에서는 선사 시대부터 지금까지의 광물자원에 관한 정보뿐만 아니라 탄광의 모습을 살펴볼 수 있다. 매년 40만 명이 이곳을 찾을 정도로 독일에서 상업적으로 가장 성공을 거둔 박물관 중 하나다. 가족 단위 관람객도 많으며 방문자 스스로 기계를 조작해 볼 수도 있다.

미술관이 된 오버하우젠의 가스저장탱크 Gasometer Oberhausen

오버하우젠의 가스저장탱크는 유럽 최대의 가스저장소로, 1929년부터 철강을 생산하는 과정에서 발생하는 유해가스를 저장하고 배출하던 시설이다. 높이가 117m, 둘레가 67m로 저장공간 34만 7000m², 면적 7,000m²의 규모로 만들어졌다. 1929년에 지어진 가스저장탱크는 에너지 소비의 변화로 1988년 가동을 멈추고 방치되었다.

그러나 국제건축박람회 엠셔파크 프로젝트에 따라 1993년 전시센터로 리모델링됐다. 포장예술가 크리스토와 잔클로드 Christo and Jeanne-Claude 부부의 풍선조형물 「빅 에어 패키지」가 2013년에 가스탱크 안에 설치되어 큰 화제를 불러일으키기도 했다. 빌 비올라 Bill Viola 도 이곳에서 비디오-사운드 설치작업을 선보였다. 이곳에서 수준 높은 전시와 문화예술공연이 이어지면서 자연스럽게 일반인들의 발길이 잦은 문화공간으로 자리를 잡았다. 592개의 계단을 올라가 가스저장탱크의 전망대에 오르면 오버하우젠을 한눈에 둘러볼 수 있다.

문화양조장 Kulturbrauerei 이 된 슐트하이스 Schultheiss 양조장

1842년 화학자이자 약사인 프렐 August Heinrich Prell 이 베를린 도심인 프렌츠라우어베르크 Prenzlauer Berg 에 조그만 양조장을 운영하기 시작하였다. 1853년 슐트하이스 Jobst Schultheiss 가 이 양조장을 인수하여, 자신의 이름을 딴 슐트하이스 맥주를 생산하기 시작하면서 양조장이 활성화되었다. 20세기까지 이 지역은 전 세계적으로 가장 큰 규모의 맥주양조장으로 명성을 얻었다.

20세기 중반 이후 이 지역의 산업이 사양길에 접어들면서, 양조장 건물은 30년 동안 방치되었다. 그러다가 1974년 단지 전체가 독특한 건물로 인정되면서 역사지구로 지정되었고, 점차로 젊은 예술가들이 문화 활동의 장소로 이용하기 시작하였다. 신탁관리청이 1990년 이 지역을 인수하였고 1991년에 문화양조장 유한책임회사가 설립되었다. 그들은 역사적 건물이 지니는 과거의 특성을 유지하면서 현대적 건축물과 조화를 이루도록 방향을 설정하였다.[5]

양조장을 개조해 2000년에 완성된 문화양조장은 총 2만 5000m² 넓이에 6개의 오픈 스페이스와 20개의 건물이 자리 잡고 있다. 그리하여 이곳에 식당가와 야외 카페공간, 음악공연장 및 클럽, 영화관, 문학공간이라는 4가지 기능으로 분리된 시설이 확충되었다. 그리고 공연, 전시, 영화 상영, 이벤트 등이 개최되고 각종 서비스가 제공되면서 지역의 복합문화 상업공간으로서 역할을 맡고 있다.[6]

뒤셀도르프의 톤할레 Tonhalle   뒤셀도르프에 위치한 톤할레는 1920년에 지어진 천문대를 1979년에 콘서트홀로 개조한 것이다. 이곳에서는 해마다 200회 이상의 콘서트가 열린다. 외관은 돔 형태이고, 내부에는 그리스 원형극장의 모습을

---

5   http://kulturbrauerei.de/de/geschichte 참조.
6   오동훈(2010), 문화공간 조성을 활용한 선진 도시재생 성공사례 비교연구 – 밴쿠버 그랜빌아일랜드와 베를린 쿨트어보로이어 사례를 중심으로, 도시행정학보 제23집 제1호, 189쪽 이하.

함부르크 엘프필하모니
콜룸바 박물관

본뜬 연주회장과 카페가 있으며 음악가들의 두상이 전시되어 있다.

함부르크의 엘프필하모니 Elbphilharmonie　　　함부르크의 새로운 랜드마크가 될 엘프필하모니는 2007년부터 건축을 시작하여 2016년에 완성된 건물인데, 그 높이는 110m에 이른다. 엘프필하모니는 복합문화시설 겸 공연장으로 쓰일 예정이다. 원래 항구에 있는 붉은색의 벽돌 창고가 문화재로 지정되어 철거가 불가능해졌기에 그 위를 유리로 건축하여 재탄생시키기로 결정한 것이다. 건물의 윗부분은 파도가 굽이치는 형상이다.

콜룸바 박물관 Kolumba Museum　　　1853년에 설립된 쾰른의 콜룸바 박물관은 1824년에 설립된 발라프 리하르츠 박물관Wallraf-Richartz-Museum 다음으로 가장 오래된 박물관이다. 콜룸바 박물관은 2차 세계대전에 파괴된 후기 고딕 양식의 성 콜룸바 교회를 재생한 것이라 콜룸바 박물관이란 이름을 얻게 되었다. 건축가는 스위스 출신의 페터 춤토르Peter Zumthor이다. 이 교회는 건물 1층에서 파괴된 교회의 잔재를 볼 수 있으며, 콜룸바 교회의 벽돌 건축물과 전쟁 후의 시멘트 자재의 조화를 보여 준다. 콜룸바 박물관은 후기 고대부터 현대에 이르기까지의 예술품을 전시하고 있다.

강수돌(2005), 독일 내 국제이주노동자 현황과 정책, FES-Information-Series.

김민주·송희령(2010), 시티노믹스 — 도시경쟁력을 키우는 콘셉트 전략, 비즈니스맵.

김봉석(2005), 독일의 무역전시 산업정책에 관한 연구 — 독일 정부의 해외전시지원정책을 중심으로, 무역학회지 제30권 제4호, 5~27쪽.

김홍섭(2004), 독일 미술사, 도서출판 이유.

김홍섭(2012), 미술로 읽는 독일 문화, 전남대학교출판부.

Luscher, Renate(1998), 통일 독일의 문화와 예술, 김이섭·최경은·배정희 옮김, 담론사.

박광자 외(2010), 독일영화 20, 충남대학교출판부.

박숙진(2002), 독일의 문화관광테마가도(街道) 개발에 관한 사례연구: 로마네스크가도를 중심으로, 관광경영연구 Vol.15, 59~78쪽.

서울대학교 독일학연구소(2000), 독일 이야기 I — 독일어권 유럽의 역사와 문화, 거름.

스턴, J. P.(2005), 니체, 임규정 옮김, 지성의 샘.

위치우위(2004), 유럽문화기행 2, 유소영·심규호 옮김, 미래M&B.

이해경(2010), 통섭의 방법모델로서 바이마르 살롱, 독일언어문학 제50집.

정재형(2003), 영화 이해의 길잡이, 개마고원.

최희수(2014), 독일 고성가도 사례로 본 테마길 개발의 방향, 글로벌문화콘텐츠 제14호, 21~41쪽.

크로슬리-홀런드, 케빈(1999), 북유럽 신화, 서미석 옮김, 현대지성사.

테츠너, 라이너(2002), 게르만 신화와 전설, 성금숙 옮김, 범우사.

Hinderer, Peter und Schayan, Janet(Hrsg.)(2015), *Tatsachen über Deutschland*, Societät-Medien Verlag.

인터넷사이트

독일 관광청 www.germany.travel